Werner Bruns / Oliver Stumm

Heute schon geheuchelt?

Werner Bruns / Oliver Stumm

Heute schon geheuchelt?

Der tägliche Drahtseilakt zwischen Anspruch und Wirklichkeit

MUT-Verlag Asendorf

Die Deutsche Bibliothek – CIP-Einheitsaufnahme
Bruns, Werner:
Heute schon geheuchelt? ; der tägliche Drahtseilakt zwischen
Anspruch und Wirklichkeit /
Werner Bruns ; Oliver Stumm. – Asendorf : Mut-Verl., 1998
ISBN 3-89182-069-0

Umschlagbild:
„Der Seiltänzer“, Ausschnitt eines Gemäldes (1914)
von August Macke (1887 - 1914)
Städtisches Kunstmuseum, Bonn
Foto: AKG, Berlin

1998
© by MUT-Verlag
Bahnhofstraße 1 * D-27330 Asendorf * Tel.: 04253 / 566
Alle Rechte vorbehalten
Druck und Bindearbeit:
Jütte Druck GmbH, Leipzig
Printed in Germany
ISBN 3-89182-069-0

Inhalt

I.

Auf der Bühne der menschlichen Komödie   9

II.

Heucheln tun nur die anderen
Umfeld und Varianten einer menschlichen Eigenart   15

III.

An ihren Früchten werdet ihr sie erkennen …
Die Beziehung zwischen Einstellung und Verhalten   21

IV.

Prominente Beispiele
Von B wie Bettelheim bis W wie Wickert   33

V.

Hetzjagd auf die Paparazzi
Aus Jägern werden Gejagte   85

VI.

Heuchelei im Alltag   93

VII.

Wer im Glashaus sitzt, der sollte nicht
mit Steinen werfen!   109

VIII.

Ein Exkurs

Die modernen Meinungs- und Stimmungsmacher   113

IX.

Passe Dich an und bleibe gesund   123

X.

Durch Selbstkritik zu mehr Toleranz   129

XI.

Jürgen Liminski:

Epilog

Die Medien und der Mythos von der Wahrheit   131

Den Narrenspiegel ich dies nenne,
In dem ein jeder Narr sich kenne,
Wer jeder sei, wird dem vertraut,
Der in den Narrenspiegel schaut.
Wer sich recht spiegelt, der lernt wohl,
Daß er nicht weise sich achten soll,
Nicht von sich halten, was nicht ist,
Denn niemand lebt, dem nichts gebirst,
Noch der behaupten darf fürwahr,
Daß er sei weise und kein Narr.

Sebastian Brant,
Das Narrenschiff (1492)

I.
Auf der Bühne
der menschlichen Komödie

Heuchelei gehört bei uns zum Alltag! Wie oft wünschen wir dem Nachbarn oder Kollegen brav einen guten Tag und lächeln, gleichzeitig schicken wir ihnen aber unhörbar leise eine anatomisch relativ genau lokalisierbare Beschimpfung hinterher.

Tatsächlich tragen wir alle unsere Masken. Das gehört zur menschlichen Komödie.

Die Welt ist eine Theaterbühne und als solche sah sie schon Shakespeare, von dem man übrigens auch nicht mit letzter Gewißheit weiß, wer sich hinter der Namensmaske verbirgt. Aber seine Erkenntnis ist allgemeingültig: „All the world is a stage and all men and women are merely players", so beginnt eines seiner

Gedichte: „Die Welt ist eine Bühne und jeder Mann und jede Frau sind nur Spieler auf derselben, mit Auftritt und Abgang zu ihrer Zeit ..."

Ein paar dieser Bühnenszenen wollen wir ein wenig demaskieren, sozusagen hinter die Kulisse der schönen Worte schauen. Nicht zuviel und auch nicht zu lang, denn es ist doch eigentlich recht unangenehm, ständig mit der Härte der Wahrheit konfrontiert zu werden. Heucheln ist schließlich menschlich. Und dieses Phänomen wollen wir, weniger wissenschaftlich – dafür ist die Thematik interdisziplinär zu ausgreifend – aber immerhin nachdenklich in diesem Essay untersuchen.

Es handelt sich um ein Uralt-Phänomen. Schon die alten Griechen bemühten sich, die Masken vor dem Selbst zu durchschauen. Wer damals nach Delphi reiste, um dort das Orakel zu befragen, konnte über dem Eingang des Apollo-Tempels die Inschrift des Thales von Milet lesen: „Erkenne dich selbst!" Diese Aufforderung des Philosophen aus dem siebten Jahrhundert vor Christus – Aristoteles nannte ihn den „Ahnherrn der Philosophie" – gehört zu jenen Sprüchen, die leider nie alt werden. Ihr Anspruch hält an und hallt nach, er gilt für einzelne und alle. Ein Hauch fernöstlicher Weisheit, die wir Abendländer ja auch nie ganz begreifen, umgibt ihn. Er ist wie ein Fixstern – licht-

spendend, leuchtend Richtung gebend und doch uner-
reichbar. Er soll das hintergründige Leitmotiv dieses
Essays sein.

Wir sind auch so vertrauensselig, andere würden
sagen so naiv, zu glauben, daß wir nicht nur Personen des öffentlichen Lebens, sondern auch uns und
dem geneigten Leser den Spiegel vor das Gesicht –
mit und ohne Maske – halten können. Schließlich hat
jeder von uns sich diesen Spiegel in seinem Leben
von Familienmitgliedern, Freunden, Arbeitskollegen
oder anderen Menschen schon einmal vorhalten lassen müssen: „Daß Du Dich so verhältst, hätte ich von
Dir nicht erwartet!" Wer von uns kennt diesen Vorwurf nicht, und wer wüßte dagegen keine guten Argumente zu finden, auch wenn wir wissen, daß diese
Kritik berechtigt ist.

Beispiele für solche Lebenssituationen gibt es zu-
hauf. So behaupten Menschen von sich, daß Geld,
Luxus oder Vergünstigungen für sie keine besondere
Bedeutung hätten, ihr alltägliches Verhalten belegt
jedoch, daß sie kaum eine Gelegenheit auslassen, um
ihre materiellen Lebensumstände zu verbessern.

Solche Widersprüche zwischen Einstellungen und
sozialem Verhalten können die Beziehungen zwischen Menschen belasten. Freundeskreise und ganze
Familien wurden schon zerstört, weil ein erwartetes

Verhalten nicht eingetreten ist, so wie es die Meinungen und Einstellungen vermuten ließen. Besonders gravierend wirken sich solche Tatbestände immer dann aus, wenn es bei den Handelnden um Personen des öffentlichen Lebens, um sogenannte Prominente und Meinungsbildner geht, weil diese eine Vorbildfunktion haben, deren Erfüllung oder Nichterfüllung Maßstäbe setzt.

Deutschland kennt manche Beispiele dafür, daß Prominente in die Kritik geraten, weil ihre Einstellungen nicht mit dem meist von ihnen öffentlich proklamierten Verhalten übereinstimmen. So sind unter anderem Parteimitglieder der Grünen als „Ökopharisäer" oder auch Einzelpersonen wie der ehemalige Ministerpräsident des Landes Schleswig-Holstein, Björn Engholm, der Nachrichtensprecher Ulrich Wickert oder auch Margarethe Schreinemakers in die Schlagzeilen geraten. Sie hatten – vereinfacht gesagt – moralische Standards formuliert und gesetzt, die sie aber in ihrer tatsächlichen Lebensführung nicht umsetzen konnten. Eine Frage, die sich nun ergibt, lautet: Unterscheiden sich die Wickerts, Schreinemakers, Engholms von anderen Menschen durch eine besondere Art der „Heuchelei", oder sind alle Individuen so konstruiert, daß sie Ansprüche (auch moralische) formulieren, die sie selbst nicht einhalten, vielleicht sogar nicht einhalten können?

Aus Untersuchungen der Sozialpsychologie ist bekannt, daß, erstens, in der Regel die Beziehung zwischen Einstellung und tatsächlichem Handeln eher schwach ist, und, zweitens, sich auch andere, objektspezifische und allgemeingültige Variablen bestimmen lassen, die ebenfalls (neben der Einstellung) auf das Handeln der Menschen einwirken. Dies können materielle und immaterielle Zuwendungen (Belohnungen, Geschenke, Karriere-Aussichten) sein, die ein soziales Verhalten stark beeinflussen, sogar mehr beeinflussen als Einstellungen dies vermögen. Beispiel: Die Zahl der Abgeordneten im Bundestag ist Legion, die mit Verweis auf die Fraktionsdisziplin, auf die Parteiführung oder auch übergeordnete Interessen (der Regierung oder der Opposition) anders abstimmen, als sie eigentlich wollen, obwohl sie ja frei sind und nach ihrem Gewissen abstimmen sollten.

Folgt man den Erkenntnissen der Wissenschaft, dann lassen Einstellungen nur bedingt Rückschlüsse auf menschliches Verhalten zu. Mehr noch: Diese Erkenntnisse können sogar erklären, warum Menschen Meinungen vertreten, die sie später durch Handlungen ad absurdum führen.

Diese Schrift soll deutlich machen, daß kein Mensch seinen bevorzugten (oft tugendhaften) Regeln im Handeln vollkommen gerecht werden kann. Jeder muß immer wieder mal abwägen. Und dennoch gibt es auch Grenzen, Situationen, die aufzeigen, daß die kleine Heuchelei in die große Lüge umzukippen droht. Die in dem Buch aufgeführten Fälle sind Beispiele für den ganz normalen Widerspruch in uns, für die ganz alltägliche Heuchelei. Aber auch für die Grenzerfahrung, in der der Mensch als solcher sich zu bewähren hat.

In diesem Zusammenhang gilt ein Grundsatz der Psychologie: „Je mehr ein Individuum in einen Bereich persönlich involviert ist, desto geringer wird seine Toleranz." Da wir alle im „Einstellungs-/Verhaltensdilemma" leben, manchmal auch darunter leiden, könnte dieser Essay auch als Beitrag verstanden werden, der die Akzeptanz- und Toleranzbereitschaft gegenüber Verhaltens- und Einstellungskonflikten anderer Menschen erhöht. Wer sich um Selbsterkenntnis bemüht, der bringt mehr Verständnis für das Dilemma der anderen auf. Nicht daß heucheln sich auf diese Weise indirekt als lohnenswert herausstellen sollte, ist unser Ziel. Aber daß man damit umgehen kann, verständnisvoll, nachsichtig und ohne Besserwisserei. Weil man es eben besser weiß. Dann hätte die Lektüre schon etwas gebracht, sie wäre den Schweiß der Autoren – möglicherweise auch der Leser – wert gewesen.

II.

Heucheln tun nur die anderen

Umfeld und Varianten einer
menschlichen Eigenart

Der „Vater" der Moralphilosophie, der große Grieche Sokrates, hat kurz vor seinem gewaltsamen Tode im Jahre 399 vor Christus drei Regeln oder Gebote aufgestellt, die auch heute noch für all jene gültig sind, die sich ernsthaft mit moralischen Problemen auseinandersetzen wollen. Sie lauten:

1. Du sollst dich nicht von Gefühlen, sondern Argumenten bei der Frage nach „gut" und „böse" leiten lassen.

2. Du sollst dich bei der Beantwortung moralischer Fragen nicht auf das berufen, was andere darüber denken – sie können sich irren.

3. Interessiere dich nur für die Frage, was moralisch „richtig" oder „falsch" ist, frage nicht danach, was mit dir oder uns passiert, wenn wir uns so oder anders verhalten.

Als moralisch falsch – im Sinne des Sokrates – wird also jede Form von Heuchelei angesehen. Das scheint eine Konstante der Geschichte des Menschen zu sein. Denn das deckt sich mit der Definition, die der Duden unter dem Stichwort Heuchelei anbietet. Da heißt es in der Ausgabe aus dem Jahre 1989 (vor der großen Rechtschreibreform, deren Kontrahenten mit ihren Argumenten ja gelegentlich vom Grundsätzlichen ins Surreale und dann ins Heuchlerische kippen):

Heuchelei – „Die Vortäuschung nicht vorhandener Eigenschaften und Gefühle. ... nicht seine wirklichen Gedanken mitteilen, etwas anderes sagen, als man denkt, sich anders geben, als man ist, sich verstellen. Ein Heuchler ist ein Mensch, der anders handelt als er denkt.“

Moralische Urteile oder Normen nehmen immer Bezug auf menschliches Handeln. Sie wollen es regulieren, indem sie es als „gut“ oder „schlecht“ kennzeichnen. Mit großer Wahrscheinlichkeit bewerten Menschen eine Person dann als besonders negativ, wenn sie – sichtbar – anders handelt als sie denkt. Der Begriff „Heuchler“ wird hier gemeinhin benutzt, so daß sich auch die Autoren in den weiteren Ausführungen auf folgende Definition stützen werden: Heuchler sind Menschen, bei denen eine erhebliche Diskrepanz besteht zwischen den Einstellungen, die sie vertreten und ihrem sozialen Verhalten. Allerdings sei hier ein Vorbehalt gemacht: Schon im Altertum und erst recht in der Scholastik unterscheidet man zwischen dem Handeln einerseits und der Person andererseits. Ein Mensch ist nicht unbedingt mit seinem Handeln identifizierbar. Es gibt Sachzwänge, und nicht jeder ist ein Märtyrer seines Wortes. Augustinus hat das in die unübertreffliche Formel gekleidet: Die Sünde hassen, den Sünder lieben.

Charakteristisch für (moralische) Werturteile ist der Anspruch, für alle ohne Ausnahme zu gelten, also allgemeingültig zu sein. Jeder, der in einem bestimmten Fall einen Mitmenschen moralisch wegen Heuchelei verurteilt, verlangt und erwartet damit, ausgesprochen oder nicht, zugleich von allen anderen Mitmenschen, daß sie in ähnlichen Situationen genau dasselbe moralische Werturteil fällen. Man empört sich dann gern über jene, die nicht so denken. Eine besondere Form, sozusagen sophisticated, ist die Empörung über jene, die tugendhaftes Verhalten als dumm bezeichnen. Ulrich Wickert hat diese Empörung zwischen zwei Buchdeckeln festgehalten. Der Ehrliche ist der Dumme, schreibt er. Aber das stimmt nicht immer

Heuchelei ist ein generelles menschliches Problem. Viele Menschen reden häufig anders als sie handeln und verurteilen – vor allem in der Öffentlichkeit – trotzdem andere Menschen, die nicht ihrer Meinung sind. Dieses Phänomen ist in unseren Mediengesellschaften zu einem Massenphänomen geworden und hat zu einer neuen Qualität von Heuchelei geführt. Denn statt sich in angemessener Selbstkritik zu üben, zeigen diese Menschen mit dem moralischen Zeigefinger auf andere – eine wahrhaft extreme Form von heuchlerischem Verhalten.

Richtig interessant wird diese Form der Heuchelei, wenn Heuchler selbst in der Öffentlichkeit sich gegenseitig der Heuchelei bezichtigen. Das ist in der Politik gelegentlich zu beobachten und zwar auf nationaler wie internationaler Ebene. Als zu Beginn des Jahres 1998 die Sex-Affären des amerikanischen Präsidenten einen ersten Höhepunkt erlebten, stand auch die alljährliche Ansprache an die Nation auf der Tagesordnung. Die Presse wartete begierig auf ein Wort des Präsidenten. Aber Bill Clinton gab sich als Unschuldsengel. Er wies alle Vorwürfe von sich, weder habe er eine Affäre mit der Praktikantin im Weißen Haus, Monica Lewinsky, gehabt noch habe er jemals einen Menschen aufgefordert zu lügen. Der Erklärung folgte zwei Tage später die Rede zur Lage der Nation. Clinton konnte reden so viel er wollte, was die Nation interessierte, war die persönliche Lage des Präsidenten. Diese Lage war nicht gut. Sie beherrschte die Medien in Amerika. Und das nicht nur, weil es um Sex und Macht ging. Es ging auch um die Berechenbarkeit der Weltmacht Nummer eins. Seit Wochen wurde über einen Militärschlag gegen Saddam Hussein spekuliert. Die Spekulationen hatten einen realen Hintergrund. Man war im Pentagon und im State Departement davon überzeugt, daß der irakische Diktator in seinen Privatpalästen biologische und chemische Waffen bunkerte. Es gab dazu noch Geheiminformationen, die man auch mit den Verbündeten besprach. Aber hier trat die unheimliche Koalition der Heuchler auf den Plan. Rußland und Frankreich wollten mit Bagdad Geschäfte machen, außerdem schuldete der Irak den beiden Ländern zweistellige Milliardensummen. Ein Militärschlag hätte die Normalisierung der Beziehungen mit diesem „Outlaw" der internationalen Politik in weite Ferne gerückt. Die Einstellungen oder wahren Interessen der Beteiligten – Clinton hätte gerne von seinen Affären abgelenkt, Paris und Moskau wollten Geld sehen – deckten sich weder mit ihren geäußerten Gründen noch untereinander. Und der dritte Protagonist auf der Bühne dieser Heuchelszene, die Presse, spielte auf seine Weise mit. Man setzte ein stärkeres Interesse der Medienkonsumenten an den Affären einfach voraus und fragte unumwunden: Will Bill mit einem Militärschlag von seiner Misere ablenken? In den Redaktionen der amerikanischen Zeitungen wurde eifrig in den Archiven gewühlt. Hat es solche Ablenkungsmanöver nicht schon öfters gegeben in der Geschichte des Weißen Hauses? Wie war das damals, Anfang der achtziger Jahre unter Reagan, mit der Landung auf Grenada mitten in der Iran-Contra-Affäre? Oder mit Nixons vietnamesischem Säbelrasseln während der Watergate-Ermittlungen? Man hielt dem Präsidenten einen Spruch aus seiner Jugendzeit vor, als er, wie er selber eingestand, auch mal einen Joint rauchte und sich vor dem Wehrdienst drückte. Damals hieß es: Make love, not war. Diesen Spruch beherzige er doch bitte auch heute. Der Spruch hatte mehr als eine zynische Bedeutung. Ein Militärschlag hätte nach Ansicht der meisten Analytiker im Vorderen Orient politisch mehr Porzellan zerschlagen als Nutzen gebracht. Und vielleicht hätte Saddam Hussein sogar davon profitiert, sein Ansehen in der arabischen Welt wäre gestiegen, und das wäre der Gipfel der Heuchelei gewesen. Es kam anders. Die große Koalition der Heuchler arrangierte sich, als neue Umfragen ergaben, daß die amerikanische Bevölkerung nicht nur zwischen der persönlichen Moral des Präsidenten einerseits und seiner Politik andererseits unterschieden, sondern auch von der Berichterstattung über die Sex-Affären genug hatte. Der Krieg fand nicht statt, und Clinton fand andere Wege im Bemühen um neues Ansehen.

III.
An ihren Früchten werdet ihr sie erkennen …
Die Beziehung zwischen Einstellung und Verhalten

Die zentrale These dieses Buches, nämlich daß wir alle mit dem Mißverhältnis oder Dilemma zwischen unserem tatsächlichen Verhalten einerseits und unseren Einstellungen andererseits leben müssen, stützt sich auf Befunde der Sozialpsychologie. Nicht wenige Sozialpsychologen haben den Zusammenhang zwischen Denken und Handeln zu erforschen versucht – auch um Erkenntnisse für die Verhaltensvorhersage zu gewinnen. Das erklärt auch die Bedeutung, die man der Einstellungsforschung innerhalb der Sozialpsychologie zumißt. Einstellungen und Überzeugungen werden als „Ursachen" von künftigem Verhalten an- oder zumindest in enger Beziehung mit dem Verhalten gesehen.

Die Einstellungs-Verhaltens-Forschung in der Sozialpsychologie hat eine lange Tradition. Bereits in den 30er Jahren wurden in den USA erste Untersuchungen zu diesem Problemkreis durchgeführt.

La Piere (1934) verdeutlichte bereits früh die Wechselwirkung von Einstellungen und Gefühlen. Er reiste mit einem chinesischen Paar durch die USA und wurde in allen Hotels und Restaurants immer – bis auf ein einziges Mal – bedient. Nach der Reise befragte er schriftlich die Hoteliers und Gastwirte über ihre Einstellung gegenüber den Chinesen und erfuhr, daß mehr als 90 Prozent der Meinung waren – im Gegensatz zu ihrem tatsächlich gezeigten Verhalten –, daß sie Chinesen nicht bedienen sollten noch es tun würden. La Piere folgerte aus seinen Beobachtungen, daß zum Beispiel der äußeren Erscheinung und dem Auftreten der beiden Chinesen eine wesentlich größere Bedeutung für die Aufnahme zugekommen sei als ihrer Angehörigkeit zu einer fremden Rasse.

Ähnlich angelegte Untersuchungen findet man bei Kutner, Wilkins und Yarrow (1952): Drei Frauen – zwei Weiße und eine Schwarze – besuchten elf Restaurants, unter anderem auch in einem vornehmen Vorort einer Stadt im Nordosten der USA. Sie wurden „normal bedient". Eine Woche später wurde an alle Restaurants ein Brief verschickt, in dem man um eine Reservierung für eine rassisch gemischte Gruppe bat. Als nach 17 Tagen keine der Gaststätten geantwortet hatte, riefen die Forscher unter Bezugnahme auf den Brief an: Lediglich drei Manager (oder deren Vertreter) gaben zu, einen Brief erhalten zu haben, und erst nach langem Zögern und dem Rat, es doch lieber anderswo zu versuchen, nahmen fünf der elf an. Einen Tag später akzeptierten bei einem Kontrollanruf zehn Gaststätten eine Reservierung für eine Gruppe Weißer (die elfte lehnte jegliche Reservierung ab, hatte sich im ersten Telefongespräch aber eindeutig gegen Schwarze ausgesprochen).

Die Autoren der Untersuchung folgerten aus diesem Ergebnis, daß mit zunehmender Nähe oder Direktheit des Kontakts die Diskriminierung abnehme, die Diskrepanz zwischen Einstellung und Verhalten aber zunehme. Eine Ablehnung am Telefon war relativ einfach, doch eine Verweigerung der Bedienung könne eine Szene heraufbeschwören, die dem Ansehen der Gaststätte bei den anderen Gästen schaden könnte. Mit anderen Worten: Je stärker das Vorurteil, je geringer das konkrete Wissen, um so größer die Heuchelei.

Man kann darüber streiten, ob diese Verhaltensweisen ein Stück Heuchelei sind. Das ist eine Frage des Anspruchs an sich selbst, so wie es eine Frage des Selbstanspruchs ist, Vorurteile aufzugeben und nach der Übereinstimmung zwischen Denken und Handeln zu suchen. In den 70er Jahren gab es dazu noch eine Reihe von Untersuchungen – auch im europäischen Raum – über Vorurteile, faschistoide oder rassistische Einstellungen. Es wirkte damals mehr als ernüchternd, als mehr und mehr die geringe Übereinstimmung zwischen verbal erfaßten Einstellungen und tatsächlichem Verhalten offenbar wurde. Seither gilt als allgemein sicher, daß man besser vom tatsächlichen Verhalten auf Einstellungen schließen kann als umgekehrt. Die meisten Untersuchungen kommen zu dem Schluß, daß die Einstellung lediglich ein Faktor ist, der das Verhalten von Menschen bestimmt. Andere Faktoren wie das soziale Umfeld, finanzielle Zuwendungen, soziale Anerkennung, immaterielle Belohnungen wirken häufig stärker auf soziales Handeln als die eigene oder zu erwartende Einstellung der Menschen.

Ein Versuch mit Folgen: Die Milgram-Experimente erschüttern Amerika

Die geistigen und charakterlichen Verrenkungen oder auch die moralischen Erkenntnisse und Maximen sind natürlich keine Sache der Europäer allein. Von großem Erstaunen bis fürchterlichem Entsetzen reichte die Bandbreite der Reaktionen der amerikanischen

Öffentlichkeit, als wenige Jahre nach dem Krieg die Ergebnisse der sogenannten Milgram-Experimente bekannt wurden. Die saubere Weste des guten Amerikaners, der den Tyrann auf dem alten Kontinent niedergerungen hatte und nun gegen die bösen Kommunisten kämpfte, hatte plötzlich häßliche Flecken.

Anlage, Fragestellung und Durchführung des Versuchs erlaubten es, die Experimente unter mehreren sozialpsychologischen Perspektiven einzuordnen. Milgrams Absicht war es, der inneren Struktur, dem Wesen des Gehorsams auf die Spur zu kommen. Zu diesem Zweck konstruierte er eine Situation, in der Menschen zu extremem Verhalten neigen. Er forderte von seinen Versuchspersonen, einem anderen Menschen Schmerzen zuzufügen. Ein Versuchsgehilfe von Milgram spielte das Opfer. Ihm sollten im Verlauf einer Lernaufgabe für jeden Fehler immer stärkere elektrische Schocks verabreicht werden. Der Test bestand nun darin, die Reaktionen der Versuchsperson zu registrieren und zu analysieren, wenn man ihr befahl, dem Opfer einen äußerst gefährlichen Elektroschock zu versetzen. Würde sie gehorchen oder den Gehorsam verweigern? Es muß hinzugefügt werden, daß mit langsam intensiver werdenden Elektroschocks das „Opfer" überzeugend stöhnte, über Herzschmerzen klagte und schließlich in Todesangst aufschrie. Man könnte nun annehmen, daß nur wenige Menschen sich dazu bereit fanden, einem anderen einen schmerzhaften Elektroschock zu versetzen, nur weil ein Herr in einem weißen Kittel ihm die Aufforderung dazu gibt. Doch 62 Prozent der Versuchspersonen (männliche Erwachsene) beugten sich schließlich dem Befehl, obwohl sie laute Protestschreie aus dem Nachbarraum vernahmen.

Die Untersuchung war nicht nur eine eindringliche Demonstration der Tatsache, daß Menschen auch unter schwierigen Umständen das tun, was man ihnen befiehlt, sondern sie öffnete auch und vor allem den Weg, jene Bedingungen zu identifizieren, die den Gehorsam regulieren. In einer Variante dieser Versuchsanordnung befand sich das Opfer (das tatsächlich keine Schocks bekam) im selben Raum nur etwa einen halben Meter von der Versuchsperson entfernt. Bei dieser Bedingung leisteten etwa 40 Prozent der Versuchspersonen dem Versuchsleiter Gehorsam.

Das Experiment fand etwa zur Zeit des deutschen Auschwitz-Prozesses statt. Es erschreckte die Öffentlichkeit tief, denn es zeigte eine Bereitschaft zur Grausamkeit, die man Durchschnittsamerikanern – das waren die Versuchspersonen Milgrams – nicht zugetraut hätte. Fast ohne Ausnahme ließen sich unbescholtene und verantwortungsbewußte US-Bürger von den Forderungen und Drohungen der Autorität, die von dem Mann im weißen Kittel repräsentiert wurde, einschüchtern. Und zwei Drittel ließen sich ohne Widerrede auf eine Handlung ein, deren Härte und Verantwortungslosigkeit sie eigentlich erkennen mußten.

Die Milgram-Untersuchung zeigt eindeutig, daß viele Menschen dem Druck sozialer Einflüsse nachgeben. Die Versuchspersonen des Milgram-Experiments sind ein alarmierendes Beispiel dafür, daß selbst in relativ unbedeutenden Situationen die Macht der Gruppe und die Autorität einiger ihrer Mitglieder dazu verleiten können, seinem Verantwortungsbewußtsein und seiner Unabhängigkeit zu entsagen und Handlungen wider die eigene Einstellung, die eigenen Ansichten und Meinungen zu begehen sowie gegen eigenes Wissen und Gewissen zu handeln. Ohne Frage handelt es sich bei diesem Experiment um ein extremes Beispiel dafür, daß Menschen in bestimmten Situationen ihre relativ konstante Einstellung und Haltung gegenüber Personen, Ideen, Lebensmaximen verändern, wenn ein bestimmtes Zusammenspiel von Umwelteinflüssen auftritt. Sie ändern dann sogar ihr Verhalten.

Gewiß ist der Vater der Massenpsychologie, Gustave Le Bon, bereits Jahrzehnte zuvor zu ähnlichen Ergebnissen gelangt. Aber der Unterschied zwischen Masse und Gruppe ist dennoch beachtlich und gerade für unser Thema von Bedeutung. Die meisten Menschen erleben ihren Alltag nicht in der Masse, sondern in einer Gruppe. Das Verhalten in diesem sozialen Umfeld im Vergleich zu den ideellen Einstellungen zu erforschen, ist auch deshalb von wachsender Bedeutung, weil die Gesellschaft sich immer stärker fragmentiert und die Menschen in sozialen Milieus leben, die sich zunehmend einander entfremden. Der Wechsel von einem Milieu zum anderen zieht einen Chamäleon-Effekt nach sich: Man wechselt das Verhalten wie das Chamäleon die Hautfarbe. Die Einstellung aber bleibt wie der Körper des Tieres konstant. Man könnte auch sagen: Das Heucheln ist die Seelenhaut des modernen Menschen.

Die Ergebnisse der sozialpsychologischen Untersuchungen lassen sich wie folgt zusammenfassen:

1. Man kann in der Regel nur von einer schwachen Beziehung zwischen der erfragten Einstellung und dem beobachteten Handeln ausgehen. Beide Bereiche sind tendenziell miteinander verbunden, allerdings ist dieser Zusammenhang nicht so eng, daß das Handeln aus der Einstellung vorhergesagt oder unter Bezugnahme auf diese Einstellung vollständig oder auch nur überwiegend erklärt werden könnte.

2. Es lassen sich eine ganze Reihe anderer Faktoren bestimmen, die ebenfalls, neben der Einstellung, auf das Handeln einwirken. Hierzu gehören unter anderen:

a) individuelle Eigenschaften (wie das Selbstbewußtsein und bestimmte Erziehungsmuster);

b) Umweltfaktoren wie die sozialen Erwartungen oder aber immaterielle und/oder materielle Zuwendungen.

3. Die sozialpsychologischen Forschungsergebnisse sprechen dafür, daß immer mehrere Faktoren zugleich (individuelle und umweltbedingte) das Verhalten prägen.

Wenn die Befunde der Sozialpsychologie richtig sind, dann kann die Tugend der Aufrichtigkeit eigentlich nur unvollkommen umgesetzt werden. Trotzdem halten die Menschen daran fest und setzen sich – wie bei so vielen Tugenden – Ziele, die sie kaum erreichen können. Das liegt in der Natur der Sache. Tugenden sind Grenzwerte des Humanum. Sie markieren Koordinaten in einem Wertesystem, in dem der einzelne sich und seine sozialen Beziehungen ortet und somit Orientierung findet. Die Einstellungen, Meinungen und Ansichten von den mit uns lebenden und handelnden Menschen vermitteln uns immer erste Eindrücke über die Lebensart und -weise dieser Personen. In der Regel lernen wir im Berufsleben und auch in der Freizeit zunächst lediglich die Einstellungen der Menschen kennen. Wir glauben damit auch schon zu wissen, welche Verhaltensweisen von diesen Menschen ausgehen werden. Die Einstellungen dienen uns als erste Einordung und Einschätzung der Menschen.

Dieses „Früheinschätzungssystem" schafft uns Situations- und Verhaltenssicherheiten, ohne die wir nicht gesichert existieren könnten. Einstellungen sind für das tägliche Leben höchst sinnvoll und nützlich. Sie helfen dem Individuum bei der Orientierung in der Umwelt. Aufgrund von bestimmten eigenen Einstellungen lassen sich eine Vielzahl von Tatbeständen hinsichtlich eines bestimmten Gesichtspunktes ordnen und in ihrem Stellenwert gewichten.

Stellen wir jedoch fest, daß bei anderen Menschen eine mehr oder weniger große Diskrepanz zwischen dem sozialen Verhalten und den Einstellungen vorherrscht, gerät unser Orientierungssystem zunächst in Unordnung. Zum Beispiel dann, wenn wir beobachten, daß militante Feministinnen sich von Männern zum Essen einladen lassen oder dankbar sind, wenn ihnen die Tür aufgehalten wird. Diese Beobachtung stört unsere bisherigen Einschätzungen den Feministinnen gegenüber und löst unwillkürlich eine Neubewertung aus. Wir unterstellen wahrscheinlich, daß sie der Emanzipation nicht gerecht werden und zudem unaufrichtig gegenüber sich selbst und anderen Menschen sind.

Was wir bei diesem Sanktionierungs- und bewertungsprozeß vergessen, ist die Tatsache, daß wir selbst in den Augen der anderen unsere selbst vorgegebenen Ziele häufig nicht erreichen. Wären wir uns dessen bewußt, würden wir wahrscheinlich im mitmenschlichen Umgang mehr Verständnis für den anderen aufbringen und mehr Toleranz praktizieren.

IV.
Prominente Beispiele

Von B wie Bettelheim bis
W wie Wickert

Wer guten Weg zeigt anderen zwar,
Doch bleibt, wo Sumpf und Pfütze war,
Der ist der Sinn' und Weisheit bar.
Das Narrenschiff (1492)

W ir betonen es immer wieder – fast jeder Mensch neigt zum Heucheln. Deshalb sind die hier vorgestellten Beispiele mehr oder weniger prominenter „Fälle" aus den letzten Jahren wirklich nur Beispiele, die die vorangegangenen theoretischen Ausführungen illustrieren sollen. Es geht nicht darum, einzelne, besonders exponierte Menschen aus der Masse der sogenannten Heuchler herauszunehmen, an den Pranger zu stellen und ihr Verhalten mit moralischen Kategorien und Wertungen zu be- und verurteilen. Das wäre auch schon wieder eine Form der Heuchelei, allerdings eine sehr gebräuchliche.

Richtig ist, daß Heuchelei immer auch – von Fall zu Fall mehr oder weniger – mit Verstellung, Lüge, dem bewußten Verschweigen, der Vortäuschung falscher Tatsachen, mit Maskerade, Unaufrichtigkeit, Unehrlichkeit, Gemeinheit zu tun hat bzw. zu tun haben kann. Was der Heuchelei vorausgeht, kann kriminell sein oder ist vielleicht nicht einmal sittlich verwerflich. Die hier dargestellten „Fälle" zeigen aber folgendes: Bei Personen des öffentlichen Lebens führt das Bekanntwerden der Diskrepanz zwischen moralisch-sittlichen Ansprüchen an andere und dem eigenen persönlichen Verhalten immer zu Sanktionen durch diejenigen, an die der moralische Appell gerichtet war. Kurz gesagt: Heuchelei von prominenten und exponierten Vertretern des öffentlichen Lebens wird eben von dieser Öffentlichkeit nicht toleriert, sondern thematisiert und kritisiert. Manchmal äußert sich die öffentliche Kritik nur in Form von Häme und Spott, manchmal aber auch als rigorose Ablehnung und Verachtung, die den „Heuchler" im Einzelfall sogar dazu zwingt, Pfründe und Ämter aufzugeben, obwohl er sich gar nichts im strafrechtlichen Sinne „geleistet" hatte. Insofern kann man die sogenannte Heuchelei eines Ulrich Wickert mit der eines Franz Steinkühler oder auch eines Michael Schumacher in der gleichen Reihe sehen.

Hinzu kommt: Die Neigung des Menschen, sich im sozialen Umfeld als aufrecht, ehrlich, zuverlässig darzustellen, ist für Prominente gefährlich. Ihnen wird die Funktion zugeschrieben, Vorbild für viele zu sein, ob sie wollen oder nicht. Die Menge will es so, denn sie sucht Orientierung auf dem Weg zum persönlichen Glück. Dieser Umstand aber verstärkt die Neigung der Prominenten zur Selbstdarstellung als „guter Mensch". Daß die guten Menschen auch ihre Fehler haben, wird ihnen selten verziehen. Erst recht nicht, wenn sie die Unwahrheit sagen oder heucheln. Das könnte als Betrug bei der Suche nach Orientierung gedeutet werden.

Neben den hier beschriebenen hätte es noch eine ganze Reihe weiterer Beispiele für „prominente Heuchler" gegeben. Etwa der in der DDR hochdekorierte Schriftsteller und SED-Funktionär Stefan Hermlin wäre ein gutes Beispiel für die Heuchelei eines Moralisten gewesen. Der Journalist Karl Corino stieß bei dem Versuch, die Biographie des Schriftstellers aufzuarbeiten, auf so viele Widersprüche, daß er davon überzeugt ist, daß weite Teile der Selbstdarstellung Hermlins als unbeugsamer Widerstandskämpfer und KZ-Häftling weitgehend erfunden oder zumindest

stark geschönt sind. Daß ein Widerstandskämpfer
gegen die Nazis gut ins ideologische Konzept der DDR
paßte, liegt auf der Hand und war einer schriftstelleri-
schen Karriere sicher förderlich. Hermlin hatte zu
DDR-Zeiten deswegen auch nie dieser Version seines
Lebenslaufes widersprochen. Später auf die offen-
sichtlichen Widersprüche in seinen autobiographi-
schen Romanen angesprochen, spricht er von den
„wahren Lügen" des Dichters und von der Gefahr für
sich und andere, wenn man immer gewußt hätte, wer
er eigentlich sei (Bericht und Interview im *Spiegel*, Nr.
41/1996). Er stellt sich also wieder als Verfolgten und
Widerständler, diesmal in der DDR, dar. Eine gedop-
pelte Heuchelei, wenn man so will.

Ein Beispiel für einen Heuchler, der sich relativ
wenig Mühe gibt, seine Inkonsequenz zu verbergen,
ist Werner Lorant. Der für sein selbstbewußtes Auftreten bekannte Trainer des Fußballvereins 1860
München wirbt während seiner Arbeit am Wochenende in den Fußballstadien Deutschlands für ein kau-
gummiähnliches Präparat, das Rauchern helfen soll,
sich die Nikotinsucht abzugewöhnen. Der Kettenrau-
cher Lorant, den man bis zum Abschluß des Werbe-
vertrags nur selten ohne die qualmende Zigarette auf
seiner Trainerbank sah, hat sich offensichtlich ver-
pflichtet, während der Spiele nicht mehr zu rauchen.

Selbst auf hartnäckige Nachfragen von Journalisten gibt er keine Auskunft darüber, ob er auch außerhalb des Spielfeldes nicht mehr raucht. Tatsächlich, das belegt zum Beispiel ein Nebensatz in einem Artikel der *Süddeutschen* vom 3. Mai 1997, hat Lorant seine geliebten Marlboros keinesfalls aufgegeben – gegen entsprechendes Honorar tut er aber jedes Wochenende 90 Minuten lang so.

• *Bruno Bettelheim – Ein Märchenpädagoge fordert einfühlsame, sanfte Pädagogik und schlägt seiner Obhut anvertraute autistische Kinder.*

Der Pädagoge Bruno Bettelheim galt lange Jahre durch seine psychotherapeutische Arbeit in einem Heim für (vermeintlich) verhaltensgestörte Kinder als Vorzeigepädagoge und führender Kinderpsychologe. Sein Name stand für ein Modell der sanften Erziehung und einfühlsamer Pädagogik. Weltweit hatte er Anhänger und Bewunderer. Doch inzwischen haben sich Gerüchte, die schon kurz nach seinem Freitod im Jahr 1990 auftauchten, bestätigt. Bettelheim hatte nicht nur seine pädagogischen Ratschläge selbst mißachtet, indem er nachweislich autistische Kinder in seinem Heim schlug und mißhandelte, sondern er hatte auch seine wissenschaftliche und berufliche Karriere auf Lügen und Heuchelei aufgebaut.

Bruno Bettelheim stammte aus einer großbürgerlichen Familie in Wien. Er emigrierte 1939 in die Vereinigten Staaten und machte dort innerhalb kürzester Zeit eine steile wissenschaftliche und berufliche Karriere. Der Psychoanalytiker war bis zu seiner Emeritierung 1973 Professor für Kinder- und Sozialpsychologie an der Universität von Chicago. Außerdem war er von 1944 bis 1973 Leiter der Sonia Shankman Orthogenetic School in Chicago, einer renommierten pädagogischen Einrichtung für verhaltensgestörte Kinder. Internationalen Ruhm und Anerkennung erhielt er durch sein umfangreiches publizistisches Werk, in dem er sich vornehmlich mit der Verletzlichkeit des Individuums in einem Klima der Angst, Not, Bedrohung und Gewalt auseinandersetzt. In diesem Zusammenhang führte er den Begriff „Extremsituation" in die Psychologie ein, die sich in Psychosen autistischer Kinder ebenso widerspiegeln könne wie beim Überlebenskampf im Konzentrationslager. Durch Sensibilität, viel Liebe und Respekt vor der Autonomie des Kindes sollte der Therapeut Kinder heilen, die sich in Autismus und Psychosen flüchten. In seinem letzten Buch „*Ein Leben für die Kinder*" beschrieb er ein entsprechendes pädagogisches Modell.

Einem breiten Publikum wurde Bettelheim durch sein Buch *„Kinder brauchen Märchen"* bekannt, ein Plädoyer für das Volksmärchen, mit dem Bettelheim sich als weiser und sensibler Märchendeuter präsentierte. Aber auch seine teilweise provokanten Thesen und Vergleiche, etwa wenn er Mütter von autistischen Kindern mit KZ-Wächtern verglich, hinterließen nachhaltige öffentliche Resonanz.

Im Jahr 1990 setzte der Wissenschaftler seinem Leben in einem Altersheim in Silver Spring ein Ende, indem er eine Überdosis Drogen zu sich nahm und zusätzlich noch eine Plastiktüte aufsetzte. Schon kurz nach diesem Selbstmord veröffentlichte der *Spiegel* (Nr. 37/1990) konkrete Vorwürfe gegen den Pädagogen. Ehemalige Zöglinge Bettelheims berichteten über Prügelstrafen, die der Direktor der Anstalt, also Bettelheim selbst, vornahm. Auch Bespitzelung und massiver psychischer Druck gehörten zu den Methoden des Direktors. Der New Yorker Autor Richard Pollak, dessen Bruder selbst in Bettelheims Orthogenetic School gegangen war, bestätigt in seiner Biographie über Bettelheim diese Anschuldigungen. Aber er fand noch weit mehr heraus.

Offensichtlich beruhen weite Teile des wissenschaftlichen Werkes Bettelheims auf Behauptungen und unbewiesenen Thesen des Pädagogen, die gar

nicht oder kaum durch empirische Fakten und Untersuchungen untermauert worden sind. Selbst die Heil-
erfolge, die Bettelheim in seinem Erziehungsheim erzielt haben will, seien nicht selten nur vorgetäuscht oder
Ausdruck nicht überprüfter Diagnosen. Warum zwei-
felte niemand Bettelheims Arbeit zu Lebzeiten an?
Pollak zeigte in seiner Biographie auf, wie Bettelheim
es verstand, durch viel Rhetorik, eine geschickte Auswahl seiner Mitarbeiter und einem von ihm stark ge-
pflegten Starkult Kompetenz vorzutäuschen – vor allem
da, wo keine vorhanden war.

Bettelheim hatte seine gesamte Biographie ver-
fälscht. 1942 verfaßte er einen Lebenslauf, um sich für
eine wissenschaftliche Stelle an der Universität von
Chicago zu bewerben. Fast alle Angaben darin ent-
sprachen nicht der Wahrheit, sondern waren frei erfunden. Er hatte vor seiner Emigration weder Psychologie
noch Philosophie studiert, geschweige denn in einem
der beiden Fächer promoviert. Auch seine Angaben
über psychotherapeutische Arbeiten mit Kindern, Seminare an der Kunstgewerbeschule in Wien und viele
weitere Qualifikationen, die er sich zuschrieb, ent-
sprangen nur seiner Phantasie. In Wirklichkeit hatte
Bettelheim Kunstgeschichte studiert und ein paar Se-
mester die Hochschule für Welthandel besucht. Im
Laufe seines Lebens schmückte er seine Biographie

immer weiter aus. So behauptete er zum Beispiel auch, als „Widerstandskämpfer" persönlich von Adolf Eichmann verhört worden zu sein. Bettelheims Heuchelei war eine Lebenslüge im wahrsten Sinn des Wortes.

• *Jean-Jacques Rousseau – Ein Weltverbesserer fordert die freie Erziehung in Menschlichkeit und setzt selbst alle seine Kinder aus.*

Bettelheim hatte einen Vorläufer, Jean-Jacques Rousseau. Der politische Philosoph war einer der geistigen Wegbereiter der Französischen Revolution. Mit mehr oder weniger großem Erfolg versuchte er sich in seinem Leben als Komponist, Musiktheoretiker, Schriftsteller und Moralphilosoph. Schon zu Lebzeiten wird Rousseau durch seine gesellschaftskritischen Abhandlungen und durch seine Ausführungen zur Staatsorganisation weltberühmt. Aber schon damals wurde er auch, etwa von seinem Zeitgenossen Voltaire, als „Heuchler" scharf kritisiert. Rousseau hatte in seinen pädagogischen Ausführung alle Eltern aufgefordert, immer „menschlich" zu ihren Kindern zu sein. Seine eigenen Kinder setzte er aber alle aus. Sie wuchsen als Findelkinder in Waisenhäusern auf und lernten ihren Vater und ihre Mutter nie kennen.

Nach einem relativ erfolglosen Start ins Berufsleben als Musiklehrer erhält Rousseau schon für seine ersten beiden Bücher, *„Diskurs über die Wissenschaften und Künste"* (1750) und *„Diskurs über die Grundlagen der Ungleichheit unter Menschen"* (1755), hohe Auszeichnungen der Akademie von Dijon. Diesen ersten Ruhm und die Anerkennung will er aber nicht für eine berufliche Karriere nutzen. Trotz ständiger Geldschwierigkeiten bis hin zur völligen Verarmung, die ihn streckenweise zur Landstreicherei zwingt, will er so unabhängig wie möglich sein, um seine Auffassung über den Menschen, die Gesellschaft und den Staat „in Freiheit" niederschreiben zu können.

In mehreren Arbeiten entwickelt er eine Anthropologie, eine Lehre von den Eigenschaften und Verhaltensweisen des Menschen, die theoretisch in einer Erziehungs- und Sittenlehre endet und Voraussetzung für seine Gesellschafts- und Staatslehre werden sollte.

Die Prinzipien seiner Gesellschaftstheorie erörtert er in seinem bis heute zur Standardliteratur eines Politik- und Philosophiestudenten gehörenden Werk *„Der Gesellschaftsvertrag, oder die Grundregeln des allgemeinen Staatsrechts"* (1762). Demnach beruht der Staat auf dem „Gesellschaftsvertrag" seiner Bürger, den diese kraft ihrer angeborenen und unveräußerlichen Rechte auf Freiheit und Gleichheit und kraft ihres Vermögens auf Selbstbestimmung eingegangen sind. Jeder einzelne stellt sein Individualinteresse zugunsten des Gemeinwillens („volonté général") zurück oder ordnet es ihm unter, da aus Gründen der Vernunft der eigene Wille nicht dem als objektiv-sittlich maßgebenden Gemeinwillen entgegengesetzt sein kann, sondern in diesem zum Ausdruck kommt. Diese Übereinstimmung des individuellen Willens mit dem die Gesetzgebung begründenden Gemeinwillen bezeichnet Rousseau mit dem Begriff „Tugend". In diesem Begriff verquickt er seine Staatstheorie mit seiner Erziehungstheorie, die er in *„Emile oder über die Erziehung"* (1762) niedergelegt hat.

Emile ist ein Bericht über die Entwicklung des Zöglings Emile vom Kinde zum Mann. Mit diesem „Mischprodukt aus Roman, Abhandlung und Traktat" (Georg Holmsten) entwirft Rousseau eine pädagogische Utopie, die er mit seinen philosophischen und politischen Ideen vermengt. Grundgedanke des Franzosen ist, daß Kinder ihre natürlichen Anlagen und Fähigkeiten ohne Zwang, ohne gesellschaftliche Normen und Konventionen in völliger Autonomie – Rousseau nennt es „Freiheit" – entwickeln sollen, auch auf die Gefahr hin, vorübergehend auf Irrwege zu geraten. Dieser in *„Emile"* skizzierte Anspruch an die Pädagogen gilt als Vorläufer der modernen „anti-

autoritären Erziehung". Ausdrücklich fordert er die Erzieher von Kindern und Jugendlichen auf, das Wort
„Pflicht" aus ihrem Vokabular zu streichen und ihre
Schutzbefohlenen ohne Vorschriften anzuleiten. Rousseaus Ausführungen gipfeln in dem Appell an alle Eltern und Erzieher: „Menschen seid menschlich! Das ist
eure Verpflichtung. Seid es in jeder Lage, für jedes
Alter. Liebt die Kindheit; begünstigt ihre Spiele, ihre
Vergnügungen, im liebenswürdigen Instinkt. (...) Sorgt
dafür, daß – zu welcher Stunde Gott sie auch rufen möge
– sie nicht sterben, ohne das Leben genossen zu haben."

Rousseau war aber, wie ihm oft vorgeworfen wurde,
nicht nur ein bloßer Theoretiker, der selbst nur wenige
Monate als Erzieher tätig war, sondern auch ein großer
Heuchler. Trotz seiner hohen moralischen Ansprüche,
die er in all seinen Werken an das sittliche Verhalten der
Menschen stellte, übernahm er für seine langjährige
Freundin und spätere Frau Thérèse Levasseur und für
die aus dieser Verbindung entstammenden Kinder keinerlei Verantwortung. Im Gegenteil. Aus seiner Beziehung zu der neun Jahre jüngeren Thérèse, einer Haus-
haltsangestellten, die er 1745 in einem Gasthof ken-
nenlernte und erst nach 23 Jahren heiratete, gingen fünf
Kinder hervor, die er – wie bereits gesagt – ohne Ausnahme im Waisenhaus abgab. Seinen hohen Anspruch
an die Erziehung und an die Menschlichkeit aller Eltern

wollte er für sich selbst nicht einmal annähernd einlösen. Dieser Widerspruch zwischen proklamierter Moral und eigenem Verhalten war schon zu Lebzeiten Rousseaus bekannt. Bereits Voltaire, ein Intimfeind Rousseaus, prangerte seinen Philosophenkollegen in dem anonymen Pamphlet „*Ansichten der Bürger*" als herzlosen Heuchler an.

Rousseau verteidigte sich gegen die Kritik unter dem Hinweis auf die „Sitten seines Landes", obwohl er selbst im Alter sehr darunter litt, nie seine eigenen Kinder gesehen zu haben. Tatsächlich ist es richtig, daß es vor allem für Künstler und Literaten im Paris des siebzehnten und achtzehnten Jahrhunderts üblich war, sich Kurtisanen zu halten und die Kinder, die aus diesen Affären hervorgingen, im Waisenhaus abzugeben. Nun waren die Pariser Waisenhäuser dieser Zeit aber wohl kaum der Ort, in dem sich die Kinder ganz nach ihren Neigungen und frei von äußeren Zwängen entwickeln oder gar ihr Leben „genießen" konnten. Viele Worte, viele Taten – bei Rousseau hielten sie sich nicht die Waage.

• *Friedrich Nietzsche – ein Philosoph mit „Peitsche", aber ohne Selbstbewußtsein beim weiblichen Geschlecht*

Noch ein Philosoph als Heuchler: Friedrich Nietzsche. Und auch bei ihm ist es die Schwäche gegenüber dem schwachen Geschlecht, die zur Heuchelei führte.

Wenn in einer Männergesellschaft über Friedrich Nietzsche gesprochen wird, dann auch meist über folgendes Wort von ihm: „Du gehst zu den Frauen? Vergiß die Peitsche nicht." Dieses Wort, von Nietzsche im *„Zarathustra"* einem alten Weib in den Mund gelegt, gibt ein gänzlich falsches Bild von seiner Haltung gegenüber dem weiblichen Geschlecht. Er ist nämlich in dieser Hinsicht von einer exorbitanten Schüchternheit. Und dies, obgleich er in seiner Jugend nur von Frauen umgeben war: von der Großmutter, der Mutter, zwei Tanten, der Schwester.

Friedrich Nietzsche wurde 1844 in Röcken bei Lützen als Sohn des dortigen evangelischen Pfarrers geboren. Er verlor mit fünf Jahren den Vater und wuchs im Geiste protestantischer Frömmigkeit auf. Als empfindsamer, etwas weicher Knabe versuchte er aber schon damals, dieser Tatsache durch Abhärtung und eiserne Selbstbeherrschung entgegenzuwirken.

Die Ängstlichkeit vor allem Weiblichen aber blieb. Dies belegen eine ganze Reihe von kleinen Episoden aus seinem Leben:

Als Student trumpfte der Philosoph gegenüber den Mädchen immer gern auf, allerdings nur hinter zugezogenen Gardinen in der schützenden Gesellschaft seiner Kommilitonen. Im direkten Kontakt war ihm dies nicht möglich. Er gerät einmal in ein Bordell, flüchtet aber rasch, nicht ohne vorher den erstaunten Damen auf dem Piano ein paar Takte vorgespielt zu haben. Ein andermal schwärmt er von fern für eine Schauspielerin und schickt ihr eigens für sie gedichtete und komponierte Lieder ins Haus, allerdings ohne großen Erfolg. Ebenso erfolglos waren eine ganze Reihe von Heiratsanträgen oder auch Schwärmereien für bereits verheiratete Frauen, zum Beispiel für Cosima Wagner, die Frau von Richard Wagner.

Einmal verliebte sich Friedrich Nietzsche in eine recht bedeutende Frau der damaligen Zeit: Lou Salomé. Bereits bei der ersten Begegnung fragt er: „Von welchen Sternen wurden wir einander zugeführt?" Der Philosoph vertraute ihr sogar seine verborgensten Gedanken an und sieht in ihr seine einzige Getreue. Aber er wagt es nicht, um ihre Hand anzuhalten. Schließlich schickt er einen Freund vor, der allerdings ebenfalls Lou Salomé liebt, und so konnte es nicht ausbleiben, daß dieser Freund ein negatives Ergebnis meldet, ja seinerseits sogar einen Heiratsantrag unterbreitet.

Am Ende kann Friedrich Nietzsche nur noch resignierend feststellen: „Ein verheirateter Philosoph gehört in die Komödie." Resignation als Kehrseite der Heuchelei? Oder als Form der Selbsterkenntnis? In diesem Fall darf man wohl vermuten, daß eher Feigheit – wohlwollend könnte man auch sagen: Schüchternheit – der emotionale Grund für die starken Worte ohne Rückhalt waren. Der Mensch ist offensichtlich mehr als nur ein Gedankengebäude, und zu diesem „Mehrwert" gehört eben auch das Risiko des menschlichen Versagens.

• *Michael Schumacher – ein Rennfahrer und die Fairneß im Weltmeisterschaftsduell mit Jacques Villeneuve*

Michael Schumacher zählt zu den erfolgreichsten, bekanntesten und beliebtesten Sportlern der Bundesrepublik Deutschland. Nach einer Emnid-Umfrage (*Spiegel*, Nr. 44/1997) kennen ihn 93 Prozent aller Deutschen. Auf die Frage „Wer ist der größte deutsche Sportler aller Zeiten?" antworteten (in Prozent):

Jan Ullrich	16
Michael Schumacher	13
Max Schmeling	11
Boris Becker	10
Henry Maske	9
Steffi Graf	9
Jens Weißflog	7
Franz Beckenbauer	7
Fritz Walter	6
Katarina Witt	3

Viele Millionen Menschen verfolgen bei jedem Formel-1-Rennen die heroischen Taten von Michael Schumacher am Fernsehschirm. Von Rennen zu Rennen stieg in den letzten Jahren die Beliebtheit des Sportlers, was obige Zahlen eindrucksvoll belegen.

Doch gerade war die öffentliche Meinung im Begriff, Schumacher zu vergöttern, „da begeht der sonst so überlegte Champion die Dummheit seines Lebens" (*Spiegel*, Nr. 45/1997). Im letzten und entscheidenden Weltmeisterschaftsrennen in Jerez im Herbst 1997 versuchte der Ferrari-Fahrer Schumacher, durch eine riskante Attacke gegen seinen Konkurrenten Jacques Villeneuve die sich abzeichnende Niederlage abzuwenden. Die italienische Presse sah in dem von Schumacher verursachten Crash einen „Dolchstoß für den

Sport"(„*Messagero*") und urteilte hart: „Du hast Dein Gesicht verloren" („*Tuttosport*"). Rennfahrerkollegen „zählten genüßlich auf, wie sie ihrerseits schon mal von Schumacher abgeschossen" worden seien (*Spiegel*, Nr. 45/1997).

Der Weltverband reagierte und zog den Rennfahrer zur Verantwortung. Michael Schumacher wurde der Titel des Vizeweltmeisters entzogen, was man in Fachkreisen nicht gerade als angemessene Sanktion empfand, immerhin hatte Schumacher durch den Crash auf grobe Art und Weise das Leben eines Rennfahrerkollegen gefährdet.

Wo liegt nun die Heuchelei im „Fall" Michael Schumacher? Hat der Formel-1-Fahrer durch den Crash nicht „nur" versucht, durch unlautere Mittel den Weltmeisterschaftstitel zu gewinnen? Das wäre der Fall gewesen, wenn er nicht eine Woche vor dem Rennen in einem Interview mit dem Magazin der *Spiegel* (Nr. 43/1997) sich als tugendhafter Sportler gegeben hätte. In diesem Interview sagte er unter anderem:

Frage: Herr Schumacher, die Weltmeisterschaft wird im letzten Rennen entschieden. Fürchten Sie, daß Ihr Kontrahent Jacques Villeneuve am kommenden Sonntag in Jerez zu unfairen Mitteln greift?

Schumacher: Ich gehe davon aus, daß Jacques ein fairer Sportsmann ist. Ich frage mich vielmehr, ob sein Stallkollege Heinz-Harald Frentzen das Zünglein an der Waage spielen wird – etwa indem er versucht, mich zu blockieren.

Frage: Wie sich Villeneuve nach seinem Boxen- stopp in Suzuka Ihnen in den Weg gestellt hat, erinnert an üble Formel-1-Zeiten, als Ayrton Senna und Alain Prost sich mutwillig von der Strecke schossen.

Schumacher: Villeneuve hat ein Gentlemen's Agreement gebrochen, wonach man bei der Boxen- ausfahrt nicht sofort auf die Rennlinie einschert. Zudem ist er, als ich ausweichen mußte, zickzack ge- fahren. Das war nicht ungefährlich.

Soweit dieser Gesprächsauszug. Die Widersprüch- lichkeit zwischen dem unfairen Crash und den Ant- worten in dem *Spiegel*-Interview entlarven damit auch Michael Schumacher. Der Sportler hat mit seinem Ver- halten sehr viel Reputation verspielt. Es dürfte ihm schwer fallen, sein ramponiertes Image rasch wieder „auszubeulen".

• *Paul Schockemöhle – Ein mehrfacher Olympia-sieger, Vorzeigesportler und Pferdenarr quält seine Pferde zu Höchstleistungen.*

Auch bei diesem Beispiel geht es um Sportsgeist, Fairneß, staunenswerte Leistungen, aber auch um die Art, wie diese Leistungen erzielt werden. Paul Schockemöhle ist Deutschlands erfolgreichster Springreiter aller Zeiten und gehört zu den gefragtesten Pferdezüchtern und -kennern der Welt. Der sechsfache Deutsche Meister und dreifache Europameister im Springreiten auf seinem Pferd „Deister" galt als Prototyp einer idealen Verbindung von Mensch und Tier.

Schockemöhle hatte den Ruf eines tadellosen Vorzeigesportlers und war bei jeder Gala gern gesehener Gast. Sein Image als Pferdeliebhaber, der zusammen mit „Deister" eine Freundschaft pflegte, die beide mühelos sportliche Höchstleistungen erzielen ließ, entpuppte sich aber im Sommer 1990 als reine Farce. Heimliche Videoaufnahmen zeigten, daß Schockemöhle höchstpersönlich Pferde durch Schläge mit einer Holzstange gegen die Beine dazu zwang, immer höher zu springen. Dieses sogenannte „Barren" ist von der Internationalen Vereinigung der Reiter (FEI) als Tierquälerei verboten.

Schockemöhle, ein oldenburgischer Bauernsohn, machte innerhalb kürzester Zeit eine Karriere vom Hühnerzüchter zum weltweit erfolgreichsten Pferdezüchter, Händler, Turnierveranstalter und Springreiter. Während sich Schockemöhle mit kräftiger Unterstützung der Medien nach außen immer ein Image des Saubermanns im roten Rock zu bewahren versuchte, zeigten seine geschäftlichen Transaktionen schnell, worum es ihm tatsächlich ging: Möglichst schnell möglichst viele Pferde zu züchten, die er mit großen Gewinnspannen erfolgreich verkaufen konnte. Mit rund 200 Stuten und 15 Hengsten war Schockemöhle Anfang der 90er Jahre einer der größten Pferdezüchter der Welt. Seine beispiellos erfolgreiche Karriere als Springreiter mit seinem legendären Pferd „Deister" war ihm bei seinen wirtschaftlichen Bemühungen als Züchter sicherlich mehr als hilfreich. Bis in die Mitte der neunziger Jahre hatte Schockemöhle in Deutschland eine – man könnte sagen – absolute Monopolstellung auf dem Gebiet der Pferdezucht.

Auf seine bis dahin untadelige Karriere als Sports- und Geschäftsmann fielen Anfang 1990 die ersten Schatten. Dann erschienen Presseberichte (*Spiegel*, Nr. 21/1990) über ungewöhnliche Zuchtmethoden auf dem Gestüt des Oldenburgers. Schockemöhle hatte mit Hilfe von Embryoneneinpflanzungen in „Leihmütter" besonders gelungene Retortenfohlen aus Superstuten gezüchtet. Wenig später tauchten die ersten Videos auf, die Schockemöhle beim „Barren" zeigten. Auf den Bildern, die unter anderem im ZDF-Sportstudio gezeigt wurden, war zu sehen, wie der Pferdeliebhaber und seine Angestellten große Holzstangen gegen die Beine von vorbeilaufenden Pferden schlugen, um sie zum Springen zu zwingen. In einzelnen Fällen wurden die armdicken Stangen sogar an den Beinen der Pferde zerschlagen. Eine Anzeige wegen Tierquälerei konnte 1991 durch ein Gutachten allerdings entkräftet werden. Aber neues, noch belastenderes Filmmaterial, das im Dezember 1991 auftauchte, brachte ihm schließlich eine Geldstrafe von 5000 DM ein.

Als ihn die Videobilder der Unwahrhaftigkeit überführten und Schockemöhle bloßstellten, versuchte er sich in Interviews zu rechtfertigen. Barren, fachmännisch angewandt, sei keine Tierquälerei und im übrigen in den USA erlaubt, sagte er gegenüber der Sportfachzeitschrift „Sports" (zitiert nach der TAZ vom 13. Juli 1990). Daß „Barren" aber durchaus Schmerzen bereitet und als brutale Zuchtmethode auch von dem tadellosen Sportsmann Schockemöhle angewandt wurde, belegen seine Anweisungen gegenüber seinen Angestellten, die auf den Videoaufzeichnungen zu hören sind. Dort fordert Schockemöhle Mitarbeiter wörtlich auf: „Dem da könnt Ihr ruhig noch einen zimmern vorn, der kann das ab."

Das feine Reden vom innigen Verhältnis und dem Vertrauen zwischen Pferd und Reiter entpuppte sich als pure Heuchelei. Im Zuge der Berichterstattung über diesen Skandal wurde von verschiedenen Spezialisten und letztlich auch von Schockemöhle selbst immer wieder bestätigt, daß Pferde wegen ihres hohen Gewichtes und der damit verbundenen Verletzungsgefahr für die eigenen relativ dünnen Beine eigentlich nicht springen und in der freien Natur Hindernisse deswegen eher umgehen. Aber wie das mit Erkenntnissen und Wissen beim Heucheln eben oft ist: Es zählt nur, was nützlich ist …

• *Björn Engholm – Ein Spitzengenosse gibt sich als Gentleman und beschwört das „Fairplay", täuscht aber selbst die ganze Republik.*

Schein und Sein sind in der Politik oft zwei ganz verschiedene Welten. Auch hier gilt vielfach nur, was nützlich ist. Da werden große Hoffnungen auf Kartenhäusern aufgebaut, und man wundert sich, wenn plötzlich ein Windstoß der Wahrheit aus der Publizistik herüberweht. Björn Engholm war eine große Hoff-

nung. Er war einer der „politischen Enkel" Willy
Brandts, dem zugetraut wurde, Kanzler Kohl abzulö-
sen.

Lange vor Tony Blair wurde ihm das Charisma eines
modernen, rechtschaffenen und unorthodoxen „Er-
neuerers" der Sozialdemokratie zugestanden. „Ein
Hauch von Kennedy" („*Welt am Sonntag*" v. 1. 6. 1997)
umgab diesen Björn Engholm, der sich als Ministerpräsident von Schleswig-Holstein, SPD-Chef und
Kanzlerkandidat seiner Partei gerne als völlig „anderen Politiker" darstellte. Groß, schlank, distanziert, in-
tellektuell, Pfeife rauchend verkörperte er das Bild
eines staatsmännischen Gentleman-Politikers, der es
sich selbst und seiner Partei nicht leicht machen wollte, Populismus verabscheute und der sein Handeln angeblich auf Überzeugung und nicht auf Machtkalkül
gründete. Seine Karriere endete abrupt wegen einer
Unwahrheit, die bekannt wurde.

Als ein Teil der Wahrheit des sogenannten „Bar-
schel/Pfeiffer-Skandals" mit der Aufdeckung der sogenannten „Schubladenaffäre" ans Tageslicht kam, wurde
Engholm nicht nur als „aufrichtigster Lügner des deutschen Parlamentarismus" (*Spiegel*), sondern auch der
Heuchelei entlarvt. Sein von ihm selbst oft und gern ge-
pflegtes Image als „Gentleman-Politiker" entpuppte
sich weitgehend als Fassade.

Ausgangspunkt für die Heuchelei Engholms war die sogenannte „Barschel/Pfeiffer-Affäre", die 1987 einen der größten politischen Skandale in der Geschichte der Bundesrepublik Deutschland auslöste. Der damalige Ministerpräsident von Schleswig-Holstein, Uwe Barschel, hatte im Verlauf des Landtagswahlkampfes in Schleswig-Holstein den Spitzenkandidaten der SPD und Oppositionsführer Engholm bespitzeln lassen und mittels einer minutiös geplanten und detailgenau durchgeführten Verleumdungskampagne versucht, ihn in der Öffentlichkeit zu diskreditieren. Zentrale Figur dieses Skandals war Barschels sogenannter „Medienreferent" Reiner Pfeiffer, der die Aktionen gegen Engholm und dessen Familie überwachte. Pfeiffer aber verriet seine Machenschaften eine Woche vor der Landtagswahl dem *Spiegel*. Der Titelgeschichte „Watergate in Kiel. Barschels schmutzige Tricks" (*Spiegel*, Nr. 38/1987) wurde anfangs kaum Glauben geschenkt, waren die dort vorgetragenen Anschuldigungen gegen Barschel doch so schwerwiegend, daß man sie als unwahrscheinlich einstufte. Die meisten Beobachter gehen deshalb heute davon aus, daß diese Geschichte nur geringe Auswirkungen auf das Wahlergebnis hatte. Tatsächlich ging aus der Landtagswahl im September 1987 die SPD als stärkste Partei hervor, konnte aber die knappe Mehrheit des christlich-liberalen Bündnisses nicht verhindern.

Barschel mußte wenige Tage nach der Landtagswahl am 2. Oktober als Ministerpräsident von Schleswig-Holstein zurücktreten, da seine persönliche Beteiligung an der Kampagne gegen Engholm immer offensichtlicher wurde. Auch eine eidesstattliche Versicherung und Ehrenerklärung, die sich hinterher als glatte Lüge herausstellte, konnte ihn nicht mehr retten. Barschel wurde am 11. Oktober tot von einem *Stern*-Reporter in einem Genfer Hotel aufgefunden. Die Umstände seines Todes sind bis heute Gegenstand vielfältiger Spekulationen. Die meisten Indizien sprechen allerdings für Selbstmord als wahrscheinlichste Art und Weise, wie Barschel ums Leben kam. Bei Neuwahlen im Mai 1988 erzielte die SPD einen überwältigenden Wahlerfolg (54,8 Prozent), Björn Engholm wurde Ministerpräsident von Schleswig-Holstein.

Fünf Jahre später holten den inzwischen zum SPD-Spitzenkandidaten für die Bundestagswahl 1994 arrivierten SPD-Politiker die Ereignisse von 1987 wieder ein. Mit der Enthüllung der sogenannten „Schubladenaffäre" im Jahr 1993 rückten die SPD und Engholms Rolle im „Barschel/Pfeiffer-Skandal" in den Mittelpunkt der Affäre. Erneut befaßte sich ein parlamentarischer Untersuchungsausschuß mit dem Fall Barschel/Pfeiffer/Engholm. Der *Spiegel* hatte enthüllt, daß Pfeiffer in den Jahren 1988 und 1989 von Günther Jansen, der 1987 SPD-Landesvorsitzender war, zwischen 40 000 und 50 000 Mark aus seinem Privatvermögen zugespielt bekommen hatte, vermutlich als eine Art „Schweigegeld". Pfeiffer hatte nämlich lange vor dem *Spiegel* führende Sozialdemokraten über seine und Barschels Machenschaften informiert. Die hatten aber geschwiegen. Die Frage, die sich die Öffentlichkeit deshalb im Jahr 1993 stellte, war nun, wann Engholm selbst von den Machenschaften Pfeiffers und Barschels Kenntnis erhalten hatte.

Vor dem Barschel-Untersuchungsausschuß hatte Engholm stets ausgesagt, erst am Wahlabend, also am 13. September 1987 von den Intrigen Barschels und Pfeiffers erfahren zu haben. Sein damaliger Sprecher Klaus Nilius sei aber schon Wochen zuvor durch Pfeiffer unterrichtet worden. Jansen und Nilius hätten ihr Wissen aber bis zum Wahlabend für sich behalten, um ihn im Wahlkampf nicht zu belasten. An dieser Version der Geschichte hielt Engholm fünf Jahre lang fest. Dies entsprach aber nicht der Wahrheit. Schließlich trat Engholm zurück. Die Wahrheit kam ans Licht. Engholm hatte 1987 den Barschel-Untersuchungsausschuß und später auch den „Schubladen-Ausschuß" belogen, wie er selbst zugab. Er hatte schon weit früher gewußt, daß Barschel hinter der persönlichen Kampagne gegen ihn steckte. Die führenden Sozialdemokraten hatten ihren Kontakt zu Pfeiffer und ihr Wissen um dessen Machenschaften aus wahltaktischem und machtstrategischem Kalkül verschwiegen. Der Grund: Kurz nach den öffentlichen Enthüllungen war „die Glaubwürdigkeit der Pfeifferschen Ausführungen gering" und es wäre, wenn die Mitwisserschaft der SPD-Führung bekannt geworden wäre, sicher schwieriger gewesen, „das Verwickeltsein des ehemaligen Ministerpräsidenten und seiner Staatskanzlei so schnell nachzuweisen". So zitierte der *Spiegel* (Nr. 19/1993) Engholm nach seinem Rücktritt.

Engholm war zwar das Opfer einer der größten politischen Intrigen der Bundesrepublik Deutschland. Er war aber auch „Komplize" in dieser unsäglichen Affäre. Jedenfalls war er nicht der ethisch lupenreine Politiker, der sich durch nichts verbiegen lassen wollte und als der er sich gerne selber bis in die jüngste Vergangenheit darstellte. Selbst wenn man ihm glauben wollte, er habe seine Familie von weiteren öffentlichen Nachstellungen schützen wollen und habe selbst unter großem Druck gestanden, so hatte er doch gegen seine selbst aufgestellten Maximen der Lauterkeit und Gewissenhaftigkeit eindeutig verstoßen und somit geheuchelt. Aus taktischem Machtkalkül bekämpfte er die Barschel-Intrige mit einer Gegenintrige und täuschte Parlament und Öffentlichkeit. So nahm „die Lüge ihren

Lauf" (*Spiegel*) – und Engholm konnte die Rolle des politisch korrekten und staatsmännischen Politikers noch eine Weile weiter spielen. Es war die Heuchelei der Gutmenschen.

• *Charles Earl of Spencer – der Bruder der toten Prinzessin und seine Moral*

Im September 1997 stand Earl Spencer, der Bruder der wenige Wochen zuvor tödlich verunglückten Prinzessin Diana, in Westminster Abbey und beschuldigte Klatschreporter, seine Schwester in den Tod gehetzt zu haben. In seiner Traueransprache zum Tod von Prinzessin Diana kündigte er ferner an, dem Königshaus die Erziehung der Prinzen William und Harry nicht alleine zu überlassen. Aber schon einen Tag nach der Beerdigung ließ sich der Earl of Spencer inmitten eines riesigen Blumenmeeres in einsamer Trauer von denselben Klatschreportern vielfach fotografieren.

Auch als treu sorgender Vater seiner eigenen Kinder hatte Charles Spencer sich keinen Namen gemacht. Vielmehr glänzte er in der Öffentlichkeit eher als Charmeur und Frauenliebling und wurde als arrogant, herzlos und egoistisch bezeichnet. Auch das

Scheidungsverfahren gegen Ende des Jahres 1997 von seiner Frau Victoria in Kapstadt bot der englischen Boulevardpresse Gelegenheit, über Spencers „ausschweifende Seitensprünge" zu berichten.

Der Tod Lady Dianas könnte dennoch das Leben des Bruders völlig verändert haben. Spencer will sich, so die Regenbogenpresse, in Zukunft um das Grab Dianas kümmern, aber vor allen Dingen auch um seine beiden Neffen, damit die „gefühlskalten Mitglieder der königlichen Familie" nicht allein die Erziehungshoheit ausüben. Seine eigenen Kinder sollen angeblich weniger Beachtung finden.

Wie gut, daß Charles Spencer immer wieder klarstellt, daß er aus dem Tod seiner Schwester „kein Kapital schlagen" will und ihm Klatschreporter nach wie vor „zuwider" sind. Trotzdem ist seit einiger Zeit klar, daß Dianas Grabstätte zur Touristenattraktion wird und immer wieder Fotos von Earl Spencer in der Yellow Press auftauchen. Ein Narr, der hier Geschäfte wittert? Erst Ende Juni 1998 gab der Graf dem Fernsehen der BBC ein Interview, in dem er beteuerte: „Ich werde keinen Profit aus dem Tod Dianas ziehen." Die Einrichtung einer Gedenkstätte und eines Museums auf dem Spencer-Gut Althorp hätte ihn viel gekostet und trotz des Eintrittspreises von 9,50 Pfund (rund 28 Mark) werde er im ersten Jahr erhebliche Verluste machen. Das dürfte ihm mancher nicht glauben. Anhänger von Lady Di werden nicht vergessen, daß der Graf seiner Schwester nach ihrer Scheidung von Prinz Charles ein Gartenhaus auf dem elterlichen Gut Althorp als Zufluchtsort verweigert hat, was der Graf auch einräumt, allerdings mit dem Argument, er habe dies aus Sicherheitsgründen und im Interesse seiner Kinder getan. Seine Interviews und Presseberichte erscheinen aufmerksamen Beobachtern als der Versuch, die Glaubwürdigkeit des Grafen wieder herzustellen. Der *„Guardian"* kommentierte das Interview mit der BBC, in dem keinerlei Neuigkeit zutage gefördert wurde, auch mit den Worten: „Man fragt sich, warum es der Graf überhaupt für erforderlich ansah, sich interviewen zu lassen." Merke: Auch der Hochadel ist nicht frei von fragwürdigem Verhalten und schon gar nicht von Heuchelei.

• *Margarethe Schreinemakers – Eine Starmoderatorin prangerte die Ungerechtigkeit der Welt an und geriet selbst in eine Steueraffäre.*

Zum Hochadel des Showgeschäfts gehört zweifellos Margarethe Schreinemakers, einst Quotenkönigin des Deutschen Privatfernsehens. Als Wegbereiterin des Talk-TV sieht sie sich gerne als Protagonistin des sogenannten investigativen oder auch „anwaltschaftlichen" Journalismus – als Anwältin der kleinen Leute, die die Macht ihres Mediums dazu nutzt, die Probleme und Schicksale des Alltags und der „einfachen Leute" zu thematisieren und „die Wahrheit" schonungslos und ungeschminkt ans Tageslicht beziehungsweise in die bundesdeutschen Wohnzimmer zu bringen. Ihre von Natur aus etwas heiser klingende Stimme unterstreicht die stets zur Schau getragene Betroffenheit – die bei entsprechenden Kommentaren vom entsetzten Augenaufschlag bis hin zu Tränen in den Augen reichen kann. Als die Kollegen der Presse ihre dubiosen Firmenkonstruktionen und andere Steuerspartricks aufdecken und über Ermittlungen der Staatsanwaltschaft berichten, will die Topmoderatorin und Spitzenverdienerin plötzlich nichts mehr vom „investigativen Journalismus" wissen: Sie konstruiert Verschwörungstheorien, unterstellt Neidkampagnen und will sich – quasi als Höhepunkt der Auseinandersetzung – selbst und ihre wiederholt beteuerte Unschuld zum Thema der eigenen Sendung machen.

Schreinemakers war schon vor dem Bekanntwerden der Steueraffäre umstritten. Die Kritik tat sich schwer mit der Beurteilung von Schreinemakers journalistischer Leistung. Ihre Gratwanderung zwischen

Information und Unterhaltung wurde als brillantes Infotainment, aber auch als moderner Pranger interpretiert. Die *Bunte* feierte sie zum Beispiel als „Mutter Theresa des Fernsehens" (11. 5. 1994), während der *Spiegel* (Nr. 52/1993) sie als „Sozialdomina" betitelte. Tatsächlich wurde Schreinemakers mehrfach für ihre Form des Journalismus ausgezeichnet, erhielt unter anderem einen „Bambi" und die „Goldene Kamera".

Schon im wöchentlichen Kampf um Quoten und den damit verbundenen Zwang, stets Schockierenderes und Schlimmeres zu präsentieren, liegt eine immanente Tendenz zur Heuchelei. Manchen, vielleicht den meisten Sendungen dieser Art und ihren Produktionsfirmen geht es nur vordergründig um die Aufklärung von Einzelschicksalen. Vielfach werden Menschen bewußt an den elektronischen Pranger gestellt, um den Voyeurismus der Massen zu befriedigen, hohe Einschaltquoten für den Sender (im Fall Schreinemakers erst SAT 1, dann RTL) zu erzielen und damit lukrative Werbeverträge abschließen zu können. Weder Aufklärung noch Information – und ganz sicher nicht die „Wahrheit" – stehen jederzeit im Vordergrund vieler Talkshows, sondern schlicht die Jagd nach Geld. Dies gilt im übrigen auch für viele Sendungen in den öffentlich-rechtlichen Anstalten.

Diese Zusammenhänge im Fernsehgeschäft wurden einer breiten Öffentlichkeit erst deutlich bewußt durch Schreinemakers Versuche, dem deutschen Fiskus zu entgehen. Damit wurde sie selbst Gegenstand des „investigativen Journalismus". Hatte Schreinemakers und ihr Firmenkonsortium nun Steuern hinterzogen oder nur durch legale Tricks Millionenbeträge am deutschen Fiskus vorbeigeschleust? Die Boulevardpresse, aber auch die führenden Nachrichtenmagazine Deutschlands berichteten ausführlich, informierten über Schritte der Staatsanwaltschaft und versuchten, Licht ins Dunkel der Affäre Schreinemakers zu bringen. Sie taten genau das, womit Schreinemakers jede Woche selbst ihr Geld verdiente.

Der Journalistin wurde der Wirbel um ihre Person schon bald zu viel. Zwar schnellten zu Beginn der „Steueraffäre Schreinemakers" die Einschaltquoten in die Höhe, aber durch eine immer detailliertere Berichterstattung über ihre Steuerpraktiken verlor die Starmoderatorin zunehmend ihre Anziehungskraft. Offensichtlich aus Angst, durch die negative Presse ihren Ruf zu verlieren, holte sie zum „publizistischen Gegenschlag" aus und konstruierte eine Verschwörungstheorie. Sie warf den deutschen Steuerbehörden und deren oberstem Vorgesetzten, Finanzminister Theo Waigel, vor, eine persönliche Kampagne gegen sie zu führen, da sie dessen Ex-Frau in ihrer Sendung interviewt hatte. Sie vermutete ein Komplott zwischen der Springer-Presse und den ermittelnden Behörden und gab sich als Opfer einer böswilligen Medienkampagne aus, die vom Neid der Kollegen geprägt sei. „Ich leide nicht unter Verfolgungswahn, aber hier soll eine Frau platt gemacht werden", sagte sie dem *Focus* (Nr. 35/1996). In der Sache äußerte sich Schreinemakers übrigens nie. Tatsächlich wurde in den Berichten der seriöseren Presse gar nicht von „Steuerhinterziehung" gesprochen, sondern nur über die Tatsache berichtet, daß die Staatsanwaltschaft ermittele. Von der Boulevardpresse abgesehen, waren Vorverurteilungen selten.

Einmal unter Druck geraten, verlor Schreinemakers zunehmend die Distanz zu sich selbst und ihrem Beruf und ließ ihren Anspruch als seriöse und investigative Journalistin zur Heuchelei werden: Auf dem Höhepunkt der Geschichte wollte sie sich selbst und ihren „Fall" zum Thema der eigenen Sendung machen, da alle anderen Medien nur Lügen über sie verbreiten würden. An diesem Vorhaben konnte sie nur gehindert werden, indem der Programmdirektor von SAT 1, Fred Kogel, selbst veranlaßte, daß ihre Sendung abgeschaltet wurde. Schreinemakers blieb uneinsichtig und gefiel sich weiter in der Rolle der verfolgten Unschuld.

Sie fühle sich vom eigenen Sender verraten, ließ sie wissen und kommentierte das Vorgehen ihres Senders wie folgt: „Meinen Zuschauern wurde das Recht verweigert, die Wahrheit zu hören. Ich bin es meinem Publikum und mir schuldig, die Lügen und Falschaussagen zu widerlegen" (*Focus,* Nr. 35/1996).

Der Konkurrenzsender RTL strahlte kurz darauf eine stark gekürzte Fassung des von SAT 1 ausgeblendeten Beitrages aus. Insgesamt ein einmaliger und beispielloser Vorfall in der Mediengeschichte der Bundesrepublik. Margarethe Schreinemakers selbst wechselte kurz darauf zu RTL, wo sie für einige Monate ihre Sendung „Schreinemakers live" moderierte. Allerdings ohne an den ursprünglichen Erfolg anknüpfen zu können. Der Hautgout ihrer Affäre ließ zu viele Zuschauer die Nase rümpfen.

• Franz Steinkühler – Ein Gewerkschafter forderte das Ende der Gewinnmaximierung für Unternehmen und bereicherte sich selbst durch unseriöse Aktiengeschäfte.

Franz Steinkühler galt als der Typus des modernen Gewerkschafters, der intelligent, visionär und charismatisch die Arbeiterbewegung erfolgreich ins neue

Jahrtausend führen würde. Als Vorsitzender der größten Einzelgewerkschaft im Deutschen Gewerk-
schaftsbund (DGB), der IG-Metall, hatte er in seiner
Antrittsrede im Oktober 1986 als langfristiges Ziel
der Gewerkschaften die „Teilnahme an allen
Reichtümern dieser Gesellschaft", also „mehr Mitbe-
stimmung und die Aufhebung der Vorrangstellung
des Kapitals über die Arbeit" gefordert. Während seiner Amtszeit und schon vorher als stellvertretender
Vorsitzender tat er sich immer wieder durch harsche
und oft polemisch formulierte Kritik an den Arbeit-
gebern, als harter Verhandlungspartner in Tarifaus-
einandersetzungen, aber auch als Querdenker mit unorthodoxen Vorschlägen hervor. In Grundsatzreden
sprach er sich stets für mehr soziale Gerechtigkeit und
gegen die Strategie der Gewinnmaximierung von Unternehmen aus. Als seine damals zwar in Deutschland
nicht gesetzlich verbotenen, aber auf jeden Fall als
unseriös geltenden sogenannten „Insidergeschäfte"
mit Aktien publik wurden, mußte Spekulant Steinkühler zurücktreten. Steinkühler habe, so der media-
le Vorwurf, sein Insiderwissen, über das er als Aufsichtsrat im Daimler-Benz-Konzern verfüge, dazu
mißbraucht, sich finanziell zu bereichern. Der IG-
Metall-Chef hatte mit Spekulationsgeschäften seine
persönlichen Gewinne maximiert.

Ein *Stern*-Artikel brachte Mitte Mai 1993 die Affäre ins Rollen. Steinkühler geriet in den Verdacht, seine Vertrauensstellung als Aufsichtsratsmitglied bei der Firma Daimler-Benz für Aktiengeschäfte mißbraucht zu haben. Nach dem *Stern* berichtete auch der *Spiegel* (Nr. 21/1993 und 22/1993), daß Steinkühler zwischen dem 18. März und dem 1. April fast eine Million Mark für den Kauf von 2100 Mercedes-Aktien ausgegeben hatte. Am 2. April wurde die Fusion der damals noch eigenständigen Mercedes - Automobil - Holding (MAH) mit der Firma Daimler-Benz bekannt. Die Anteilscheine an der Mercedes-Holding wurden gegen die höher bewerteten Daimler-Aktien umgetauscht. Der Gewerkschafter soll mit diesem Aktiengeschäft 160 000 Mark Gewinn erzielt haben. Dieser bestritt aber den Vorwurf, sein Insider-Wissen als Aufsichtsrat bei Daimler-Benz hätte ihm diesen Spekulationserfolg überhaupt erst ermöglicht. Er hätte überhaupt keine Ahnung von jener Fusion gehabt, sondern habe nur sein Erspartes gewinnbringend anlegen wollen, behauptete Steinkühler öffentlich (*Spiegel*, Nr. 21/1993).

Der damalige Vorstandschef von Daimler-Benz, Edzard Reuter, gab eine Ehrenerklärung zugunsten Steinkühlers ab. Nur acht bis zehn Leute hätten von der Fusion gewußt – Steinkühler habe nicht dazugehört. Diese Verteidigung durch den Konzernchef half dem Arbeitervertreter nur wenig. Offiziell ließen die Gewerkschaftsstellen zwar verlauten, die ganze Geschichte sei Steinkühlers Privatsache, tatsächlich aber hatten Gewerkschaftsfunktionäre und viele Arbeiter das Vertrauen zu Steinkühler verloren. Kaum einer hatte vermutet, daß der Interessenvertreter der Arbeiterschaft an der Börse der Kapitalisten spekulierte. Als weitere Vorwürfe gegen Steinkühler bekannt wurden, verlor er endgültig den Rückhalt in seiner Gewerkschaft und trat zurück. Neben dem nur insiderverdächtigen Handel mit Fokker-Aktien blieb der Mißbrauch von Insider-Informationen Steinkühlers beim Kauf von AEG-Aktien im Vorfeld der Übernahme von AEG durch den Daimler-Konzern unbestritten.

Arrogante Verlautbarungen des Steinkühler-Sprechers, man müsse sich eben daran gewöhnen, „daß auch Gewerkschafter mit Messer und Gabel essen" (*Spiegel,* Nr. 21/1993), trugen nicht zum Imagezugewinn des Gewerkschafters bei. Die eigenen Leute warfen Steinkühler vor, ein großer Heuchler zu sein. Tatsächlich hatte Steinkühler wenige Tage vor dem Bekanntwerden seiner Spekulationsgeschäfte noch medienwirksam für streikende Metallarbeiter im Osten Spenden gesammelt und die Solidarität aller Deutschen mit den Arbeitern eingefordert. Tatsächlich sind sogenannte Insidergeschäfte in Deutschland, ganz im Gegensatz zu den USA, nicht verboten. Steinkühler hatte also nicht ungesetzlich gehandelt. Der Kauf und der Handel von Aktien ist auch für einen führenden Gewerkschafter nicht strafbar. Trotzdem mußte Steinkühler zurücktreten, denn er hatte, so das öffentliche Empfinden, geheuchelt. Während seine Arbeiter oft wochenlang für ein paar hundert Mark Streikgeld seine Politik mit hohem Arbeitsplatzrisiko durchzusetzen versuchten, hatte ihr Boß bei Aktiengeschäften mit einer Million abgezockt. Noch dazu bei Fusionen, die in der Regel zu Arbeitsplatzabbau führten. Steinkühler gab vor, gegen Auswüchse und Ungerechtigkeiten eines Systems zu kämpfen und nutzte eben dieses System und seine Eigenheiten, um sich persönlich zu bereichern. Das war sozusagen Heuchelei by management.

• *Heinz Gerlach – der selbsternannte Anlegerschützer*

Heinz Gerlach gilt als erfolgreicher Anlegerschützer. Dieser Fachmann und sein wöchentlich erscheinender *„Gerlach-Report"* genossen vor allem in Wirtschafts- und Verbraucherredaktionen bundesdeutscher

Medien einen erstklassigen Ruf. Der Zusatz „renommiert" fehlte selten, wenn der Name Gerlach fiel. Inzwischen scheint sein Image als „der Anleger-Schützer Deutschlands", das er selbst kräftig pflegte, nachhaltig ramponiert. Der Zusatz „renommiert" wird
inzwischen immer öfter durch „umstritten" ersetzt
(DM v. 18. 9. 97). Gerlach, der in seinen Urteilen gegenüber Anbietern von Kapitalanlagen gern polemisch
und selbstgerecht auftritt, wird von seinen zahlreichen
Gegnern vorgeworfen, er sei ein Heuchler. Denn er
stecke mit der Kapitalanlagen-Branche, über die er mit
Vorliebe kritisch berichte, unter einer Decke, er sei finanziell eng mit ihr verknüpft. Durch seine Verkäufer-
seminare und seine Beratertätigkeit auch für Anbieter
von Kapitalanlagen könne er gar nicht mehr objektiv
und unabhängig über Finanzdienstleistungen berichten und würde das im Falle seiner „Geschäftspartner"
auch gar nicht tun. Im Gegenteil. Für Firmen, mit
denen er Beraterverträge abgeschlossen habe, sei Gerlach bereit, berechtigte oder unberechtigte Kritik in
seinem Anlegerblatt zu unterlassen – die Interessen der
Verbraucher wären ihm in solchen Fällen offensichtlich
gleichgültig *(Spiegel,* Nr. 17/1992; *Welt* v. 7. 10. 1993;
Cash, Nr. 5/1997).
Die gesamte Branche der Finanzdienstleistungen
genießt keinen besonders guten Ruf, sei es auf dem

„freien", sei es auf dem „grauen Kapitalmarkt". Der Markt für gesetzlich nicht geregelte Finanzprodukte, zum Beispiel Immobilienfonds, ist besonders hart umkämpft. Neben vielen seriösen Anbietern tummeln sich hier immer wieder auch „schwarze Schafe", die versuchen, mit undurchsichtigen Produkten oder Verkaufsmethoden eine schnelle Mark zu machen. Aber nicht nur die verschiedenen Anbieter von Kapitalanlagen liefern sich einen erbitterten Konkurrenzkampf untereinander, sondern auch diverse „Branchendienste", wie eben der *„Gerlach-Report"* oder das ebenso bekannte *„Kapitalmarkt-Intern"*. Diese haben es sich zur Aufgabe gemacht, über neue Trends und Gerüchte zu berichten und interessierten Anlegern mit Produktanalysen Orientierung und Entscheidungshilfe in dem sich ständig verändernden Markt zu geben. In der Vergangenheit warfen sich die Redakteure beider Dienste wechselseitig „Interessenverquickung" vor (zum Beispiel *Kapitalmarkt-Intern,* Nr. 49/1997) – dabei konnten und können Außenstehende kaum noch beurteilen, ob hier um Fakten gestritten wird oder nur persönliche Fehden ehemaliger Kollegen ausgetragen werden.

Heinz Gerlach, früherer Herausgeber des *„Gerlach-Reports"*, galt bis Anfang der neunziger Jahre für die meisten Medien als „Saubermann" der Branche. Bis heute erhebt er selbst den Anspruch, all jene Finanzdienstleistungen unabhängig und uneigennützig im Sinne der Anlegerinteressen zu prüfen, die unter keine gesetzlichen Regelungen fallen, wie zum Beispiel Beteiligungen an Immobilienfonds. Trotz mehrerer Verurteilungen in den achtziger Jahren wegen „Rufschädigung" (vgl. *Cash,* Nr. 7/1992) konnte er sein Image als der „Anleger-Schützer Deutschlands" lange aufrechterhalten. Dabei hatte Gerlach schon früh als Redakteur seines heutigen „Intimfeindes" Günter Weber in dessen *„Kapitalmarkt-Intern"* unbewiesene und unhaltbare Vorwürfe gegen Anlagefirmen erhoben.

1992 zeigen sich in Gerlachs Denkmal gewaltige Risse. In einer Sonderausgabe seines nach der Trennung vom *„Kapitalmarkt-Intern"* 1988 gegründeten *„Gerlach-Reports"* wirbt er für ein „Spezial-Training" für Verkäufer von Finanzprodukten. Darin heißt es zum Beispiel: „Verkaufen in acht Minuten macht Spaß, oder? … mit der 3 1/2-Minuten-Analyse, die (fast) jeden Kunden überzeugt!" und „der Kunde hat keine Chance" (zitiert nach *„Cash",* Nr. 7/1992). Auf die Frage, wie sich diese aggressive Verkäuferschulung mit dem Anspruch des Anlegerschutzes vereinbaren lasse, meinte Gerlach lapidar: Ein bißchen marktschreierisch müsse er schon sein, sonst komme ja niemand (*Spiegel,* Nr. 17/1992). Inhaltlich geht Gerlach auf die unter anderem auch vom „Bund der Versicherten" und vom Deutschen Bundesverband für Steuer-, Finanz- und Sozialpolitik (DBSFS) erhobene Kritik an der Interessenkollision zwischen Anlegerberatung und aggressiver Verkäuferschulung überhaupt nicht ein.

Unbestritten ist ebenfalls, daß er Firmen neben „Angebotsrecherchen" auch „Vorprüfungen" von Anlage-Prospekten über seine Anwälte Dietrich Eckart und Werner Klumpe offerierte (*Die Welt* v. 7. 10. 1993). In diesem Zusammenhang werden 1992 gegen Gerlach noch schwerere Vorwürfe als die der bloßen „Interessenkollision" erhoben: Viele Aufträge würden „aus Furcht vor der negativen Berichterstattung" im „*Gerlach-Report*" erteilt und mit der Hoffnung „auf Verschonung" oder „positive Berichterstattung" verbunden, schreibt der Konkurrenzdienst „*Kapitalmarkt-Intern*"(zitiert nach *Forbes*, Juni 1992). Auch andere Publikationen berichten ebenfalls ausführlich über diesen Verdacht *(Spiegel,* Nr. 17/1992; *Welt* v. 7. 10. 1993).

Gerlach zeigt sich von den Vorwürfen beeindruckt, behauptet aber, er sei Opfer einer mit Hilfe des *Spiegels* „bundesweit ausgetragenen Rufmordkampagne", die „in der bundesdeutschen Mediengeschichte ein auch nur annähernd vergleichbares Pendant nicht haben dürfte" (*Spiegel,* Nr. 16/1993). Er verklagt den *Spiegel* auf Unterlassung, Widerruf, Schadenersatz und mindestens 100 000 Mark Schmerzensgeld. Das Landgericht Düsseldorf weist die Klage 1993 ab. Außerdem verklagt Gerlach seinen früheren Chef und Herausgeber des *„Kapitalmarkt-Intern"*, Günter Weber, wegen Verleumdung. In dem daraufhin angestrengten Verfahren bestätigen einige Zeugen den gegen Gerlach erhobenen Vorwurf, den letzten Beweis konnte man aber nicht führen (*Spiegel*, Nr. 17/1992; *Die Welt* v. 7. 10. 1993; *Westdeutsche Zeitung* v. 9. 10. 1993; *Rheinische Post* v. 6. 10. und v. 7. 10. 1993). Der Prozeß wird nach diesen Gerlach schwer belastenden Zeugenaussagen unterbrochen, um das Ergebnis des wegen eben dieser Vorwürfe gleichzeitig laufenden Ermittlungsverfahrens der Staatsanwaltschaft Köln gegen den vermeintlichen „Anleger-Schützer" abzuwarten. Das Ermittlungsverfahren wurde letztendlich durch eine Einstellungsverfügung der Staatsanwaltschaft beendet.

Im September 1997 berichtete das Wirtschaftsmagazin *„DM"* über die neueste Schutzaktion Gerlachs (*DM*, Nr. 9/1997). Nachdem das Nachrichtenmagazin *Focus* dem Initiator des zweitgrößten Immobilienfonds in Deutschland, Walter Fink, unseriöse Geschäftspraktiken vorgeworfen hatte, eilte Gerlach diesem sofort publizistisch zu Hilfe. In einer Sonderausgabe seines Informationsdienstes wiederholte er weitgehend die Argumente, die Fink schon selber gegen den *Focus*-Bericht veröffentlicht hatte. Nach

„*DM* " kein Wunder: Gerlach habe mit Finks Firma „Kapital Consult" einen Beratervertrag abgeschlossen, der ihm eine „sechsstellige Summe im Jahr" einbringe (vgl. auch *Kapitalmarkt-Intern*, Nr. 49/1997).

Die Moral von der Gerlach-Geschicht': Es gibt keine ...

• *Werner Höfer – Ein Linksliberaler mit erhobenem Zeigefinger versuchte, seine Nazi-Vergangenheit zu verschweigen.*

Solcherart Gefahr – der Moral oder des Erinnerungsvermögens verlustig zu gehen – ist kein Spezifikum für Anlageberater. Auch Institutionen können davon befallen werden. Werner Höfer war eine von diesen. Sein *Frühschoppen* galt als Institution im deutschen Fernsehen. Ein Sonntag ohne ihn war für viele nicht vorstellbar. 1953 wurde sein sogenannter „*Internationaler Frühschoppen* " erstmals im Fernsehen ausgestrahlt. Diese Sendung machte ihn zum wohl bekanntesten deutschen Journalisten, weil seine politische Talkshow konkurrenzlos über die Bildschirme flimmerte.

Werner Höfers „Markenzeichen war der erhobene Zeigefinger, den er ohne Bedenken jedem Andersdenkenden entgegenstreckte" (*Spiegel*, Nr. 51/1987). 1985 sagte er: „Was die *New York Times* für den Westen, das ist die *Prawda* für den Osten." 1986 wurde Höfer deutlicher: „So wie die *Prawda* das hohe Lied des Marxismus singt, so singt das *Wall Street Journal* das hohe Lied des Kapitalismus." Und 1987 sah er keinen Grund mehr, seine Sympathien zu verhehlen: „Es gibt viele Unterschiede zwischen Kreml und dem Weißen Haus. Wenn aber der Kreml was sagt, dann weiß man in der Regel doch, woran man ist."

Bei Werner Höfer selbst war das nicht immer so. Frühe Stationen seiner Biographie blieben späteren Bewunderern lange Zeit verborgen. Höfer wurde im März 1913 im Eifelort Kaisersesch geboren, arbeitete als Redakteur in Köln und Berlin, schloß sich mit 20 Jahren der NSDAP an und war seit 1941 als Pressereferent im Ministerium von Albert Speer tätig. Das Kriegsende erlebte Höfer in amerikanischer Kriegsgefangenschaft.

Als konservative Zeitungen in den 70er Jahren berichteten, daß Werner Höfer 1943 während des Krieges in einem Durchhalte-Artikel die Hinrichtung des Pianisten Karlrobert Kreiten wegen angeblicher Wehrkraftzersetzung gutgeheißen hatte, wurde von ihm eine Empörungs- und Verschwörungskampagne losgetreten, der sich auch viele bekannte Journalisten anschlossen.

Erst als auch der *Spiegel* Höfer als „Schreibtischtäter"
bloßstellte, geriet er in die Defensive. Der Mann mit
dem moralischen Zeigefinger fand diesen plötzlich
gegen sich selbst gerichtet. Er versuchte, sich heraus-
zureden. Man hätte ihm „die schlimmen Äußerungen
hineinredigiert". Schließlich flüchtet er sich in Ironie,
was ja nicht selten eine Ausdrucksform der Arroganz
der Unbelehrbaren und Ewig-Besserwissenden ist, und
sagte: „Soll ich denn durch die Straßen und Gassen
gehen und rufen: Hei, Hei, ich bin jetzt beim WDR,
eigentlich habe ich das gar nicht verdient, denn ich habe
ganz schlimme Sachen geschrieben?" Man mag Höfers
Einlassungen noch als Abwehrmanöver eines Kriegs-
veteranen abtun. Schließlich lebt er nicht mehr. Aber es
bleibt das Typische der Heuchelei: die Intoleranz des
„erhobenen Zeigefingers" gegenüber Andersdenkenden.

• *Ulrich Wickert – Ein bekannter „Ankerman" plä-
dierte für die Unabhängigkeit des Journalisten und
setzte selbst sein Know How als PR-Berater ein.*

Ulrich Wickert ist der prominenteste sogenannte
„Ankerman" des deutschen öffentlich-rechtlichen Fernsehens. Als Moderator der sehr angesehenen Nachrich-

tensendung im Abendprogramm, den ARD-*Tagesthemen*, genießt er hohe Glaubwürdigkeit und Anerkennung, man kann ihn als Top-Journalist in der Bundesrepublik bezeichnen. Durch seine Bücher, insbesondere durch seinen Bestseller von 1994 „*Der Ehrliche ist der Dumme*", wurde er auch als Schriftsteller populär. Seine moralisierende Diagnose der Defizite an Werten wie Ehrlichkeit, Bescheidenheit und Genügsamkeit in einer zunehmend egoistischeren Gesellschaft wurde für ihn allerdings zum Bumerang. Seine engen Maßstäbe, die er insbesondere auch für Journalisten aufstellt, konnte oder wollte er selbst nicht einhalten. Häme und Spott ergossen sich über den „Ethik-Uli" (*Spiegel*), als bekannt wurde, daß er Honorar für ein PR-Video kassiert hatte.

Ulrich Wickert trat im Juli 1991 die Nachfolge des inzwischen verstorbenen Tagesthemen-Moderators Hanns Joachim Friedrichs an. Wickert hatte zur Überraschung vieler Kritiker nur wenig Mühe, aus dem Schatten seines beliebten Vorgängers zu treten. Das renommierte Munzinger-Archiv zitiert eine Umfrage, nach der bereits wenige Wochen nach seinem ersten Auftritt 48 Prozent aller Zuschauer Ankerman Wickert bei den *Tagesthemen* als „Idealbesetzung" ansahen. Besonders die Fähigkeit, seine Moderation mit sanfter Ironie, Humor und intellektuellem Charme zu würzen, wird vom Publikum geschätzt. Sein distanziertes Auftreten begründete seinen Ruf als einer der seriösen und glaubwürdigen Top-Fernsehjournalisten in Deutschland. Das Vertrauen, das die Zuschauer ihm entgegenbringen, ist ungewöhnlich. Dieses Image unterstrich er noch durch sein wochenlang die Bestsellerlisten beherrschendes Buch „*Der Ehrliche ist der Dumme. Über den Verlust der Werte*", dem er aufgrund des großen Erfolgs noch eine Sammlung von Ethik-Texten mit dem Titel „*Das Buch der Tugenden*" nachschob.

Mit diesen Büchern versuchte sich Wickert, der in Bonn und Connecticut Politik und Jura studiert hatte, als Alltagsphilosoph, der sich über den – für ihn bedauernswerten – Zustand von Welt und Gesellschaft seine Gedanken macht. In einer Art Rundumschlag kritisiert er den Verlust an ethisch-moralischen Werten und Tugenden in einer Gesellschaft, in der der einzelne immer weniger bereit sei, etwas für die Gemeinschaft zu tun, sondern vielmehr nur noch auf den eigenen persönlichen Vorteil Wert lege. „Das Streben nach Geld", so einer der Merksätze Wickerts, lasse „auch den vermeintlich unbescholtenen Bürger seine ideellen Werte vergessen". Ausdrücklich in die „Verantwortung im ethischen Sinn" nimmt er seine Journalistenkollegen. Da der Handel mit Zeitschriften und elektronischen Medien ein Unternehmen der besonderen Art sei, müßten diejenigen, „die den Einfluß haben, darauf achten, daß die Mitarbeiter äußerst sorgfältig nach ethischen Maßstäben agieren. Und da sollte die Ethik immer über dem Gewinn stehen." (Zitate aus: Ulrich Wickert, *Der Ehrliche ist der Dumme*)

Als Wickert wenige Wochen nach dem Erscheinen des Buches ausgerechnet von seinem populären Kollegen vom Privatfernsehen, dem Starplauderer Günther Jauch, in *„Stern-TV"* als PR-Berater der Deutschen Bank geoutet wurde, verbreitete sich Schadenfreude über den „Moraltugendwart der Nation" (*Spiegel*). Wickert hatte auf einem PR-Video im Namen der Deutschen Bank für die Versicherung „Deutscher Herold" geworben. Deren Versicherungsvertreter führten das Video bei Verkaufsgesprächen mit potentiellen Kunden vor, um die Seriosität ihrer Firma zu belegen. Nach heftiger öffentlicher Kritik überwies Wickert sein Honorar von 50 000 DM an einen Sozialdienst. Tatsächlich waren aber die Videoaufnahmen kein einmaliger Ausrutscher, wie der *Spiegel* (Nr. 47/1995) berichtete. Schon 1991 hatte Wickert im Auftrag der Unternehmensberatungsfirma Kienbaum Spitzenmanager in Seminaren auf Interview-Tauglichkeit trainiert.

„Bundestugendwart" Wickert verstieß offensichtlich gegen die engen moralischen Maßstäbe, die er insbesondere an die Arbeit der Kollegen der eigenen Zunft angelegt hatte. Ob er seine journalistische Unabhän-

gigkeit gegenüber der Deutschen Bank oder denjeni-
gen, die er für Presseauftritte trainiert hatte, tatsächlich
verlor, spielte in diesem Zusammenhang keine Rolle.
Er selbst hat die moralischen Kategorien rigoros eingefordert und muß sich deswegen auch in seinem eigenen Verhalten daran messen lassen. Die Diskrepanz
zwischen öffentlich formuliertem Anspruch und
tatsächlichem Verhalten Wickerts ist ein klarer Fall
von Heuchelei. Gottseidank, könnte man – klamm-
heimlich erfreut – sagen. Jeden Abend eine halbe
Stunde Erinnerung an tugendhaftes Verhalten wäre nur
schwer zu ertragen. Jedenfalls schwerer als die kleine
Heuchelei, die in der Schadenfreude des kleinen Man-
nes und Zuschauers immer mitschwingt.

Ulrich Wickert jedenfalls nahm's nicht nur gelassen,
sondern gewichtete den Vorgang auch anders. In einem
Brief vom 11. Dezember 1995 schrieb er einem der Autoren dieses Buches: „ … Ich besitze keine gut dotier-
ten Werbeverträge mit BMW und Deutscher Bank, denn
Werbung mache ich nicht. Ich habe an einem Video für
den Deutschen Herold mitgewirkt und in meinem Ver-
trag ausdrücklich die Nutzung für Werbezwecke ausgeschlossen. Dies ist aber offensichtlich vom Deutschen
Herold umgangen worden. Nach der Zeitungskampa-
gne habe ich ein Anwaltsbüro eingeschaltet, das den
Rückzug dieses Videos erreicht hat."

V.

Hetzjagd auf die Paparazzi

Aus Jägern werden Gejagte

Mit ungewöhnlich viel Protest bedachten die Zuschauer einen Kommentar in den ARD-*Tagesthemen*. NDR-Redakteur Christoph Lütgert hatte Reaktionen auf den Tod von Lady Diana in England als „Trauerritual jenseits aller Vernunft" bezeichnet. Lütgert: „Man wird lange forschen müssen, welche emotionalen Defizite diese Nation mit der kollektiven und verkitschten Heiligsprechung des blonden Glamourgirls kompensiert."

In der Tat löste der Tod der schönen Prinzessin eine Massenhysterie aus, die in der Geschichte ihresgleichen sucht. Ein wichtiger Umstand dabei war die Art und Weise, wie Lady Diana zu Tode gekommen war.

Eine Meute von mehr als einem halben Dutzend Paparazzi hetzte der von einem Pariser Hotel aus abbrausenden Limousine auf Motorrädern hinterher. Zwischen der Jagd und dem tödlichen Unfall bestehe – so die meisten Kommentare in der Presse – ein kausaler Zusammenhang, schließlich wurden ja auch sieben Paparazzi von der Polizei am Unfallort festgenommen.

Rund um die Uhr berichteten die Medien nach dem Unfall über „die arme Prinzessin", die offenbar Tag und Nacht den auflauernden Paparazzi ausgesetzt war. Das Feindbild gewann Konturen. Auf die Foto-Journalisten wurde eine Hexenjagd veranstaltet, ihr Presseausweis wurde zum Kennzeichen der Niederträchtigkeit, der Fotoapparat zum Folterinstrument oder gar zu einem verbrecherischen Zielfernrohr. Der Begriff Paparazzi wurde fast zum Synonym für Mörder.

Die Gegenoffensive ließ nicht lange auf sich warten. „Da wird eine ganze Berufsgruppe vorschnell und heuchlerisch verurteilt", wetterte der Ex-*Bunte*-Chefredakteur Franz Josef Wagner. Fotografen seien die „Frontsoldaten" im multinationalen Bildersturm. Der frühere Prominenten-Fotograf Francis Apesteguy schimpfte: „Die Paparazzi sind nur Rädchen im Getriebe." Das Geschäft ähnele dem Drogenhandel, und es gebe hier sehr viel mehr Konsumenten.

Was man in diesen Wochen an Heuchelei, Scheinheiligkeit und Selbstgerechtigkeit beobachten konnte,
war in der Tat erstaunlich und erschütternd. Die Leser
der sogenannten Boulevardpresse, die über Jahre an
allen Bildern der Prinzessin interessiert waren, verur-
teilten nun die Bildjournalisten. Viele Verleger und
Journalisten wollten nicht dazugehören. Trotzdem
wollten alle nach dem Tod von Lady Diana noch das
letzte Detail präsentieren oder konsumieren, je nach
Interessenlage und Position.

Obwohl viele Deutsche die Sensationsreporter für
schuldig am Tod der Prinzessin hielten, haben sie vor
und nach der Beerdigung mehr Skandalblätter gekauft
als jemals zuvor in der Geschichte der Bundesrepublik
Deutschland. Der Tod der Prinzessin und ihres Lieb-
habers war eine phantastische Gelegenheit, die ausge-
prägte Sensationslust zu bedienen und damit Geld zu
verdienen. Allein in Deutschland kämpft ein Dutzend
Herz-Schmerz-Blätter um Kundschaft. Rund zehn
Millionen Exemplare schlägt die Regenbogenpresse
jede Woche los. Die Konkurrenz wächst täglich.

„Wie die Pharisäer im Tempel", schrieb der Chefre-
dakteur des *Focus*, Helmut Markwort, damals in seinem Tagebuch, „distanzieren sie sich zunächst von den
niederen Motiven, um dann um so ausführlicher die
Neugier zu befriedigen. Zurecht schrieb ein kluger

Kopf in der *FAZ*, daß auch die Warnung vor dem Voyeurismus dem Voyeurismus dienen kann."

Prinzessin Diana ist tot. Das Geschäft mit ihr hat aber erst richtig begonnen. „Sie ist nicht nur ein geliebtes Heiligenbild", schreibt das *Wall Street Journal*, „sondern der Mittelpunkt einer internationalen Multi-Millionen-Dollar-Industrie."

Die Produkte der Paparazzi sind wieder gefragt, und inzwischen haben die Fotoreporter auch wieder ihren Frieden gefunden. Aus den vorübergehend Gejagten sind wieder Jäger geworden.

Die Ökopharisäer

Der Umweltexperte Gunnar Sohn hat in einem Buch (*Die Ökopharisäer – Umweltschutz als Vorwand*) eine ganze Reihe von Argumenten und Zitaten zusammengetragen, um darzustellen, wie eine Gruppe versucht, eine Gesellschaft ideologisch zu durchwirken, dabei aber selbst nicht so lebt, wie sie predigt. „Anspruch und Wirklichkeit", schreibt er, „klaffen bei den scheinheiligen Ökobewegten häufig auseinander". Und er zitiert Michael Miersch aus dem *Zeitmagazin*: „Die Ökobilanz vieler Umweltschützer ist schlechter als die eines Spießers, dem Sicherheit, Sauberkeit und Sofa-

ecke mehr bedeuten als das Wohlergehen der Yan-
omami-Indianer." Sohn weiter: „Die Vertreter der grünen Elite verhalten sich oft wie Umweltschweine. In
einer Untersuchung hat das Europäische Tourismus-
Institut (ETI) in Trier 1992 festgestellt, daß Anhänger
der Grünen weit häufiger um den Globus fliegen als
der Rest der Bevölkerung ... Es wurde vermutet, daß
die Vordenker und ihre Anhänger in Sachen Ökologie
ein besonders umweltbewußtes Reiseverhalten zeigen
... Die von ETI ermittelten Daten widersprechen jedoch eindeutig dieser Hypothese, sie belegen eher das
Gegenteil. Die Anhänger der Grünen sind sehr reise-
freudig, nutzen häufiger das Flugzeug, haben ein über-
durchschnittlich großes Interesse an Fernreisezielen,
exotischen Gebieten, andersartigen Menschen und un-
berührter Natur (bis die grüne Elite einfällt). Auf dem
Flug nach Amerika und zurück verbrennt die Öko-
Avantgarde ungefähr soviel Sprit wie ein gescholtener
Manta-Fahrer, der zehntausend Kilometer seinem
Treiben auf der Autobahn freien Lauf läßt."

Sohn fand außerdem heraus, „daß die grüne Elite
einer hedonistischen Lebensweise besonders zugetan
ist: 26,4 Prozent der Grünen-Wähler in den alten Bun-
desländern starteten 1992 mit dem Flugzeug in den Urlaub. Der Bevölkerungsdurchschnitt liegt bei 23,7 Prozent ... Fast ein Drittel der Leser des Umweltmagazins

natur bekennt sich dazu, auch unnötige Dinge zu kaufen, gegenüber 26,3 Prozent im Bevölkerungsdurchschnitt. Fast 20 Prozent der *natur*-Leser lesen gerne Berichte über Automobiltechnik. 19 Prozent der Öko-Test-Leser haben ein Netto-Einkommen von mehr als 5 000 Mark.

Miersch zieht aus solchen Fakten das Fazit: ‚Der ökologisch bewußte und besorgte Zeitgenosse steigt morgens aus dem tropenholzfreien Designerbett ins Holzfällerhemd von Ralph Lauren und fährt mit seinem sündhaft teuren Rennrad zum Bäcker. Bei ihm kommt nur Balsamico-Essig an den Salat, Aloe vera an die Haut und Hundertwasser an die Wand. Er kennt Managua so gut wie Manila und besitzt, natürlich weil es leider, leider nicht anders geht – einen Volvo mit Kat und 170 PS. Darin fährt er seine moralische Überlegenheit spazieren. Das gemütliche Besserwisserbiotop, in dem er lebt, wird vornehmlich von Mittvierzigern bewohnt, die von ihren sicheren Schreibtischen aus mit Wortwatte auf die Industriegesellschaft werfen und dabei gern die kühnen Bauzaunstürmer markieren‘.“

Die Sozialforscher Andreas Diekmann und Peter Preisendörfer befragten, so schildert Sohn einen weiteren Fall, sich besonders ökologisch gebende Umweltfreunde nach ihrem Alltagsverhalten. Weniger als jeder Dritte gab an, im Verlauf der vergangenen Wochen mit einem öffentlichen Verkehrsmittel gefahren zu sein. Sohn: „Die Wissenschaftler versuchten, den Ökoheuchlern mit einem Trick auf die Schliche zu kommen. Drei Monate nach der Befragung schickten sie ihnen ein fingiertes Kaufangebot ins Haus. Darin bot die Drogerie ‚Sansa' FCKW-haltige Artikel zum halben Preis an. Die Hälfte derer, die die Ozonkiller bestellten, hatten bei der Untersuchung vorher angegeben, auch unter ‚Mühe und Kosten' umweltgerecht zu handeln."

Miersch sieht in dieser Diskrepanz ein typisches Verhalten, das nicht nur für die Grünen gelte: „Wie alle elitären Gruppen handelt die Ökoschickeria nach dem alten Motto: Wir gehen zwar auch pinkeln – aber aus anderen Gründen. Bei weitem nicht alles, was umweltfreundlich aussieht, ist es auch."

Ein krasses Beispiel dafür ist die Affäre um die Bohrinsel Brent Spar. Die Autoren des Lexikons der Öko-Irrtümer, Dirk Maxeiner und Michael Miersch, führen aus, daß man es in der Ökodebatte mit der Wahrheit nicht so genau nimmt. So erläutert Sascha Müller-Kraenner, Direktor für internationale Angelegenheiten beim Dachverband der Naturschutzverbände, seine Lehren aus der Brent-Spar-Kampagne, zu der man heute nachweislich sagen kann, daß Greenpeace die

Öffentlichkeit hinters Licht führte. Für Müller-Kraenner ist es unerheblich, ob Greenpeace mit manipulierten Fakten taktierte oder ob die Versenkung der Brent Spar überhaupt ein Schaden für die Umwelt gewesen wäre. Es zähle einzig der Erfolg, „die Geschichte wird auch in der Umweltpolitik von den Siegern geschrieben", und für den Erfolg zählt, wer in den Augen der Öffentlichkeit besser wegkomme. Hauptsache, „das Volk hat Greenpeace schnell verziehen". Wo bleibt da die Wahrheit? Ist eine Botschaft erst dann wahr, wenn ihre Intention gut begründet ist? Das aber ist das Nutzen-Denken von Ideologen, vielleicht auch noch von political correctness, auf jeden Fall eine Variante der Heuchelei, die vor allem in der Politik sehr häufig anzutreffen ist. Natürlich hat diese Variante auch ihre großen Vorbilder. Von Lenin ist bekannt, daß er das Bekenntnis zur Wahrheit verachtete. „Die Wahrheit zu sagen ist eine kleinbürgerliche Gewohnheit", schrieb er in einem Memorandum an seinen Parteigenossen Tschitscherin. Und folgerichtig sei für einen Revolutionär „lügen, überzeugend lügen, nicht nur ein Zeichen von Intelligenz, sondern eine Art Befehl, wenn er damit die Sache der Revolution voranbringen kann". Fast ist man versucht, diesen Satz auf heutige Verhältnisse zu übertragen, indem man nur das Wort Revolution ersetzt durch Partei oder Karriere oder …

VI.
Heuchelei im Alltag

Das Leben eines prominenten Politikers, Spitzensportlers oder Schauspielers entbehrt nicht eines gewissen Risikos. Am Anfang steht oft ein Höhenflug, zu dem Medien und Gesellschaft nicht wenig beitragen. Aber je höher das Podest für das Monument, umso tiefer der Sturz, wenn Widersprüchlichkeiten im Verhalten bekannt werden.

Dieses Risiko hat der Normalbürger nicht. Es ist spezifisch für die Prominentenwelt. Aber das schließt die Heuchelei im Alltag keineswegs aus. Im Gegenteil. In vielen Gesprächen haben die Autoren den Eindruck gewonnen, daß die Heuchelei im Alltag der in der Glamourwelt in nichts nachsteht. Sie ist nur nicht so spektakulär, ihr „Wirkungskreis" bleibt auf relativ wenige Personen beschränkt.

Auffällig war jedoch bei allen Gesprächen und Gesprächsrunden im Freundes- und Bekanntenkreis der Autoren, daß jeder für sich selbst den Vorwurf der Heuchelei entschieden zurückwies – aber nach kurzer Diskussion genügend Beispiele aus dem eigenen Umfeld aufführte und diese auch gern zum Besten gab. Auch dies ist wieder ein Beleg für die These, daß jeder gerne über andere moralisch urteilt, sich aber selber ungern an die Nase faßt oder fassen läßt. Einige Beispiele sollen illustrieren, wie alltäglich die Heuchelei sein kann:

• Der Inhaber einer Werbeagentur arbeitet seit rund 25 Jahren in dieser Branche, nichts ist ihm fremd, wenn es darum geht, bestimmte Produkte entsprechend zu inszenieren. Seinen beiden Kindern gegenüber aber bringt er fast täglich seine ablehnende Haltung zur Werbebranche zum Ausdruck. Die positiven Seiten der Werbung spielen bei der Erziehung kaum eine Rolle.

• Der Heimleiter einer evangelischen Einrichtung lehnt grundsätzlich die Kirche als Institution zur Verkündigung des Glaubens und als Ort der Glaubenspraxis ab. Trotzdem hat er sich in den Kirchenvorstand wählen lassen, um berufliche Vorteile zu erzielen.

• Ein Lehrer aus einer Kleinstadt vermittelt seiner 12. Klasse die hohe Bedeutung der Toleranz für die Gesellschaft. Er selber aber hält an Vorurteilen fest. Ständig kritisiert er den Arztberuf des Vaters einer Schülerin. Immer wieder macht er mitten im Unterricht Anspielungen zu der Position des Vaters.

• Der Direktor eines deutschen Gefängnisses veröffentlicht Aufsätze über schädigende Einflüsse der Gewinn- und Glücksspiele, spielt aber selbst leidenschaftlich gern Roulett in Casinos.

• Ein Hochleistungssportler aus Nordrhein-Westfalen spricht sich bei jeder Gelegenheit öffentlich für Chancengleichheit beim Wettkampf aus. Insgeheim läßt er jedoch keine Gelegenheit aus, um bestimmte Aufputschmittel auszuprobieren.

• Der Autor eines Buches gegen den deutschen Bürokratismus und Verwaltungsapparat arbeitet selbst in einer Verwaltungsinstitution.

• Ein Profifußballer ist bei einem traditionellen Arbeiterverein angestellt und predigt in öffentlichen Statements permanent die Rückkehr zur Bescheidenheit. Auch fährt er demonstrativ einen Kleinwagen.

In seiner Garage aber steht ein italienische Nobel-
sportwagen, den er auch häufig benutzt, vor allem
dann, wenn er aus dem Ort fährt.

• Ein Geschäftsführer beklagt gegenüber seinen
Angestellten und Mitarbeitern ständig die hohe Ar-
beitsbelastung, aber er schließt sich stundenlang in
seinem Büro ein, um sich mit Computerspielen zu
vergnügen.

• Ein Unternehmensberater mahnt seine Seminar-
teilnehmer: „Seid nie intim im Team." Er selbst aber
sucht regelmäßig engen Kontakt zu Teilnehmerinnen
seiner Kurse.

• Die Ehefrau eines Informatikers kritisiert, daß ihr
Mann sie betrüge. Das verstoße gegen die moralischen
Prinzipien ihrer Beziehung. Sie selbst aber führt be-
reits seit Jahren ein ähnliches Doppelleben.

• Eine junge Studentin gelobt ewige Treue und hei-
ratet einen sozial höhergestellten Mann mit dem Ziel,
sich in den „besseren Kreisen" gesellschaftlich zu eta-
blieren. Aber bei erstbester Gelegenheit will sie sich
erklärtermaßen durch einen Partnerwechsel erneut
verbessern.

• Menschen, die sich bei jeder Gelegenheit gegen Ausländerfeindlichkeit aussprechen, aber ablehnend gegen deutschstämmige Aussiedler auftreten.

• Linke, die sich über „rechte Gewalt" aufregen, aber mit der RAF sympathisierten oder den schwarzen Block der „Autonomen" bei Demos „cool" finden.

• Ein Juraprofessor, der in seinen Vorlesungen vehement für die Einhaltung der Bürgerrechte eintritt, seinen Studenten aber jede Mitsprache an der Uni und Fakultät verweigern will.

• Ein Pfarrer, der Nächstenliebe predigt, aber aufsässige Konfirmanden und Schüler systematisch drangsaliert und unter Druck setzt.

• Kriegsdienstverweigerer, die in Deutschland den Wehrdienst verweigerten, aber in Nicaragua die Kalaschnikow begrüßten.

• Ein Bundestagsabgeordneter, der gegenüber seinem Parteichef in einem Brief ankündigt, wegen einer bestimmten politischen Entscheidung nicht mehr für den Bundestag kandidieren zu wollen, dennoch Loyalität bis zum Ende der Wahlperiode verspricht, gleichzeitig aber die Presse über diese Entscheidung und Beweggründe informiert und so einen politischen Skandal heraufbeschwört.

• Der Pressesprecher, der für ein Tempolimit eintritt, aber gerne große und schnelle Wagen fährt.

• Ein sehr guter Schüler, der gegenüber seinen Freunden immer so tut, als ob er nicht lernen müsse, tatsächlich aber nächtelang büffelt.

• Der Architekt, der zusammen mit seiner Freundin stundenlang Austellungen über moderne Kunst besucht – ohne daran Spaß zu haben.

• Der Student, der gegenüber seinem Freund Mitleid heuchelt, als dessen Freundin ihn verläßt. Tatsächlich ist er aber insgeheim froh, da er die Frau nicht ausstehen konnte.

• Leute, die sich massiv für den Umweltschutz einsetzen, aber jedes freie Wochenende dazu benutzen, möglichst weit mit dem Auto zu verreisen.

• Viele Erbengemeinschaften am Grab des Verstorbenen.

• Produktentwicklerin, die gegenüber Kollegen Fastfood-Restaurants ablehnt, aber „wegen der Kinder" regelmäßig dieselben besucht.

• Das Lehrerehepaar, das im Bekanntenkreis „Strandurlaub" verurteilt, selbst aber wochenlang im Urlaub am Strand liegt.

• Die Assistentin der Geschäftsleitung, die ständig am Kantinenessen mäkelt und von teuren Restaurants erzählt, daheim aber Ravioli aus der Dose ißt.

• Der grüne Gemeinderat, der seinen alten Mercedes mit verbleitem Benzin und ohne Katalysator fährt.

• Der Arzt, der die Sensationslust anderer verurteilt, selbst aber den Polizeifunk abhört und bei schweren Unfällen zum Gaffen hinfährt.

• Ein evangelischer Pfarrer, der von der Kanzel Nächstenliebe predigt, aber seine Frau und Kinder prügelt.

• Menschen, die den Pauschaltourismus als neuen Imperialismus verurteilen, durch ihre „alternativen

Fernreisen" aber dem Massentourismus den Weg bereiten.

• Menschen, die wie wir sagen, sie redeten nie schlecht über andere, aber ...

All diese Beispiele, die zugegebenermaßen nur aus dem Bekanntenkreis zusammengestellt worden sind und daher keinen Anspruch auf Repräsentativität erheben können, zeigen immerhin, daß sich auch aus dem „normalen Leben" viele Beispiele für die in den vorangegangen Kapiteln aufgezeichnete Einstellungs-/Verhaltensdiskrepanz aufführen lassen. Jeder, der diese Beispiele liest, wird aus der eigenen Erfahrung weitere vor Augen haben. Ihre subjektive Bedeutung mißt sich freilich an der persönlichen Einschätzung von Ehrlichkeit, Konsequenz in der Lebensführung und in der Aufrichtigkeit.

Die Ergebnisse einer Befragung

In unserem Alltagsverständnis sind wir fest davon überzeugt, daß eine bestimmte Verhaltensweise mit Notwendigkeit eine einigermaßen vorhersehbare Wirkung erzielt und umgekehrt jede Wirkung auch eine bestimmbare Ursache hat.

Wie wir bereits gesehen haben, erwarten die meisten Menschen – gemäß diesem Alltagsverständnis – ein enges Zusammenspiel von Einstellungen, Eigenschaften und sozialem Verhalten. Um dies praktisch zu untermauern und zu verdeutlichen, wurden in einer Stuttgarter Einkaufsstraße hierzu 200 Interviews durchgeführt. Die angesprochenen Passanten sollten spontan zu folgender Frage Stellung nehmen:

„Bei vielen Menschen passen die Verhaltensweisen nicht zu den Einschätzungen und Einstellungen, die sie tagtäglich von sich geben. Wie schätzen Sie solche Menschen ein?"

• *Heim- und Jugenderzieher, 42 Jahre:* „Eine ganze Reihe von Menschen verhalten sich so. Ich finde solche Leute ganz abscheulich. In meinem Beruf als Pädagoge muß ich jeden Tag Vorbild sein. Meine Schülerinnen und Schüler würden mich in meiner Rolle als Erzieher sofort ablehnen, wenn ich ein solches Verhalten an den Tag legte. Natürlich ist es schwer, immer konsequent zu sein. Meine geschiedene Frau zum Beispiel ist Lehrerin an einer Grundschule und kann sich nicht abgewöhnen, auch vor ihren Schülern zu rauchen, obwohl sie doch Vorbild sein müßte."

• *Selbständiger, 43 Jahre:* „Davon kenne ich jede Menge aus meinem eigenen Lebenskreis. Ich kann diese Menschen nicht achten."

• *Arbeiter, 25 Jahre:* „Das sind Menschen, die sich selbst am wichtigsten nehmen. Ich kann sie nicht leiden."

• *Kellnerin in einer Szenenkneipe, 22 Jahre:* „Ich finde so ein Verhalten typisch deutsch. Der deutsche Spießer sitzt vor dem Fernseher, schaut Fußball und zeigt mit dem Finger auf andere, die nicht nach seinen kleinkarierten Vorstellungen leben wollen. Ein gutes Beispiel ist der Freund meiner Mutter. Er wirft mir vor, daß ich meine Lehre abgebrochen habe, dabei ist er selbst arbeitslos, säuft und liegt meiner Mutter auf der Tasche."

• *Beamter, 33 Jahre:* „Diese Gruppe findet man besonders unter den Politikern. Hierzu zähle ich die Politiker, die das Volk zum Sparen anhalten wollen und zugleich auf Kosten der Steuerzahler eine Reise unternehmen."

• *Angestellte, 23 Jahre:* „Ich habe sogar Arbeitskollegen, die tagtäglich so handeln. Da wird in der Mittagspause das große Wort geführt, aber sowie der

Chef auftritt, verändern sie ihr Verhalten, kriechen ihm hinten rein. Das sind doch alles Maulhelden ohne Courage."

• *Nicht erwerbstätig, weiblich, 54 Jahre:* „Solche Leute sind abstoßend. Ich kenne einen Pfarrer, der seit langen Jahren ein Verhältnis mit seinem Hausmädchen hat, einfach furchtbar."

• *Naturwissenschaftler, 55 Jahre:* „Unter diesem Problem leiden wir alle. Ich selbst bilde dabei keine Ausnahme."

• *Alleinerziehende Mutter, 29 Jahre:* „Je länger ich darüber nachdenke, desto mehr muß ich Ihnen Recht geben. Viele Menschen, die ich kenne, verhalten sich entgegen ihren eigenen Prinzipien. Wenn ich an mir selbst diesen Widerspruch entdecke, fühle ich mich insgeheim immer ertappt und hoffe, daß es niemand merkt."

• *Krankenschwester, 33 Jahre:* „Solche Menschen finden Sie sicherlich in jedem Lebensbereich. Ich glaube, daß wir vor allem im öffentlichen Leben eine ganze Reihe schlechter Vorbilder haben. Wie oft widersprechen sich Politiker oder andere hochgestellte Leute."

• *Finanzmakler, 52 Jahre:* „Das kann ich in meiner Branche immer häufiger beobachten. Viele Leute bauen um sich eine Scheinwelt, die letztendlich nur auf Angabe und Pump beruht. Wenn man hinter die Fassade schaut, bleibt meistens nicht mehr viel von dem hehren Gerede übrig. So etwas kotzt mich an, aber was will man machen."

• *Fitneßtrainerin, 25 Jahre:* „Klar, ein solches Verhalten treffe ich sogar häufig an. Bei mir im Fitneßstudio kann ich oft beobachten, wie über andere Leute, die gerade nicht da sind, abgelästert wird. Jeder behauptet natürlich, daß er es nicht leiden kann, wenn über andere hergezogen wird, machen tut es aber fast jeder. Ich könnte mich über solche Leute jeden Tag neu aufregen."

• *Biologin, 27 Jahre:* „Ich komme aus der Ex-DDR, da gehörte solch ein heuchlerisches Verhalten zum Alltag. Lehrer, Parteibonzen, Universitätsprofessoren haben sich doch alle irgendwie verkauft. Und jetzt belügen sie sich und andere weiter, keiner will mehr etwas mit dem alten System zu tun gehabt haben. Die meisten Menschen sind eben nur auf ihren eigenen Vorteil bedacht und hängen ihr Fähnchen in den Wind."

• *Parteifunktionär, 29 Jahre:* „Eigentlich finde ich
solch ein Verhalten verwerflich. In der Politik ist aber
ein solches Verhalten oft anzutreffen, weil es im Grunde von den Wählern erwartet wird. Tatsächlich finden
doch die Politiker am meisten Zuspruch, die die Probleme schönreden und einfach gestrickte Lösungen an-
bieten. Dabei wissen alle Politiker und wahrscheinlich
auch die meisten Wähler, daß es die einfachen Lösungen nicht gibt."

• *Inhaber einer Werbeagentur, 33 Jahre:* „In meiner
Branche gehört Scheinheiligkeit und Verlogenheit
zum Busineß. Im Grunde interessiert es doch keine
Sau, was der Kunde eigentlich will. Wir tun so, als ob
wir dem Kunden zuhören und verkaufen ihm dann eine
Kampagne so, daß er meint, er hätte sie gewollt. Mich
regen bloß die Kollegen auf, die sich öffentlich hin-
stellen und etwas von ‚Ehrlichkeit gegenüber den
Kunden' faseln – das ist doch alles pure Heuchelei."

• *Prostituierte, 36 Jahre:* „Jeder Mann, der zu mir
kommt, gibt vor, irgend etwas zu sein, was er sicher
nicht ist. Aber ich tu so, als ob ich ihm glaube, das
gehört zu meinem Job. Wie ich das finde? Ich habe mir
längst abgewöhnt, andere für ihr Verhalten zu verurteilen. – Leben und leben lassen ist meine Devise."

• *Botanikerin, 45 Jahre:* „Da kenne ich ein gutes Beispiel: Der Abgeordnete der GRÜNEN aus meinem Wahlkreis fährt einen Golf GTI und gibt auch noch damit an, wie schnell er mit diesem Auto unterwegs ist. Ein solches Verhalten, gerade von Politikern, kann ich nicht für gut halten. Ich selbst würde mich als Naturschützerin bezeichnen und versuche, so konsequent wie möglich im Sinne der Ökologie zu leben. Als berufstätige Mutter habe ich aber nicht die Zeit, immer beim Ökobauern einzukaufen. Manchmal gibt es eben auch bei mir Fertigprodukte. Aber ich gebe das wenigstens offen zu und spiele nicht den Messias."

• *Schülerin, 17 Jahre:* „Ich hasse solche Menschen. Meine beste Freundin hat immer behauptet, sie würde nie ihren Freund betrügen. Jetzt habe ich durch Zufall erfahren, daß sie es doch tut, noch dazu mit dem besten Kumpel von ihrem Freund."

• *Geschäftsführer eines Sexshops, 39 Jahre:* „Über solche Leute kann ich nur lachen. Schauen Sie mal bei mir im Laden vorbei. Zu meinen Kunden gehören brave Familienväter, Kirchgänger, richtig reiche und vornehme Typen. Glauben Sie aber, von denen würde einer zugeben, daß er auf Pornos steht?"

An dieser Stelle sind nur einige der eingeholten Statements veröffentlicht. Die hier nicht veröffentlichten Aussagen liegen aber im allgemeinen im Trend. Etwa 90 Prozent der Befragten sind der Überzeugung, daß die Diskrepanz zwischen Einstellung und Verhalten ein Übel ist. Nur wenige Statements halten dies für eine generelle menschliche Schwäche.

Diese Umfrage ist natürlich nicht repräsentativ. Sie spiegelt aber in der Tendenz die Einschätzung der Menschen in unserer Gesellschaft wider. Sie zeigt eindeutig, daß nur wenige Menschen diese scheinbare Schwäche in sich wahrnehmen oder wahrnehmen wollen.

VII.
Wer im Glashaus sitzt, der sollte nicht mit Steinen werfen!

Die Alltagsbeispiele lassen sich klassifizieren. Gemeinsamer Nenner der nun folgenden Typen von Heuchlern ist, daß sie negative Eigenschaften in anderen Menschen vermuten und unterstellen, die sie selbst haben. Vielleicht ist ein schlechtes Gewissen nicht nur kein sanftes Ruhekissen, sondern auch ein Bumerang. Einige Beispiele sollen das verdeutlichen. Die Namen sind frei erfunden, die Fakten nicht.

• *Der Intrigant:* Herr Maier ist ein übler Intrigant. Er spielt seine Kollegen, aber auch seine Familienmitglieder gegeneinander aus, um sich dadurch einen Vorteil zu verschaffen. Da er stets nach Chancen und Möglichkeiten der Intrige Ausschau hält, vermutet er aber auch, daß seine Kollegen, genauso wie er selbst, intrigieren. Herr Maier kann sich nicht vorstellen, daß die anderen überhaupt nicht an Intrige denken, deshalb hat er auch ständig Angst vor den Intrigen seiner Kollegen.

• *Der Lügner:* Herr Staiger hat große Schwierigkeiten im Umgang mit der Wahrheit. Bei vielen Themen, etwa bei der Frage nach seinem beruflichen Stellenwert und seinem Einkommen, ist er mehr als unehrlich. Aufgrund dieser Eigenschaft kann sich Herr Staiger auch nicht vorstellen, daß seine Mitmenschen im Umgang mit diesen Themen besonders ehrlich sind. Auch hier gilt der Grundsatz: „Wer selbst lügt, glaubt auch, daß er von anderen belogen wird."

• *Der Eifersüchtige:* Herr Konstantin läßt keine Gelegenheit aus, um einem sexuellen Abenteuer nachzugehen. Bei jeder Gelegenheit betrügt er seine Ehefrau, ist aber zugleich rasend eifersüchtig, weil er glaubt, daß auch seine Frau ihn betrügt.

• *Der Mobber:* Herr Schulze ist der Meinung, daß Mobben eine der schlimmsten Verhaltensweisen am Arbeitsplatz überhaupt ist. Überall läßt er verlauten, daß Mobbing bei ihm keine Chance hätte. Im Umgang mit ihm gleichgestellen Mitarbeitern, aber auch bei Untergebenen läßt er jedoch keine Möglichkeit aus, um sich durch Mobbing Vorteile zu verschaffen. Selbstverständlich vermutet nun auch Herr Maier, daß jede nur erdenkliche Aktion gegen ihn eine Mobbing-attacke der anderen Kollegen oder Mitarbeiter ist.

• *Die Scheinheilige:* Frau Melchior erzählt ihrer Freundin, daß sie Menschen nicht leiden kann, die Ehekonflikte vor ihren Kindern austragen. Dies, so die scheinbar gute Mutter, würde die Kinder erheblich in ihrem Sozialisationsprozeß stören. Sie erzählt zugleich ihrer Freundin, daß sie eine ganze Reihe von anderen Menschen kenne, die in diesem Sinn ihren Kindern Schaden zufügten. Was sie allerdings verschweigt, ist die Tatsache, daß sie jedes Wochenende (sie führt eine Wochenendehe, weil ihr Ehemann an einem anderen Wohnort arbeitet) ihren Beziehungsstreß vor den Kindern austrägt.

Solche Fallbeispiele zeigen auf, wie Menschen ihre eigenen Anschauungen, Vorstellungen, Einstellungen und Verhaltensweisen in andere hineinprojizieren. Zugleich ist der Mensch aber darum bemüht, seine eigenen Verhaltensweisen durch Einstellungen, die von dem Verhalten ablenken sollen, zu verschleiern. Niemand soll auf die Idee kommen, daß man zum Beispiel selbst Mobbing betreibt oder seine Kinder falsch erzieht.

Da jeder von uns auf eine gewisse Art scheinheilig ist, lügt oder Fehler bei der Kindererziehung macht, hat natürlich auch jeder von uns entsprechende Einstellungen parat, um von seinen Verhaltensweisen abzulenken. Es gibt immer bestimmte Bereiche, in denen wir besser erscheinen wollen, als wir in Wirklichkeit sind. Man muß nur ehrlich mit sich selbst sein, um solche Lebensbereiche zu entdecken.

VIII.

Ein Exkurs

Die modernen Meinungs- und Stimmungsmacher

Bild, Ansehen, Aufgaben und Funktionen der Intellektuellen sind von Gesellschaft zu Gesellschaft verschieden. Jede Epoche schafft sich die Intellektuellen, die sie braucht. Jede Gesellschaft braucht aber auch Intellektuelle – man kann sie nicht abschaffen – und bringt die von ihr jeweils benötigten Typen in immer wieder neuen Gestalten hervor: Propheten, Dichter, Redner, Philosophen, Sophisten, Gelehrte, Mönche, Professoren, Wissenschaftler, Schriftsteller, Kommentatoren, Regisseure … Intellektuelle sind auch notwendig, um öffentliche Meinung oder Stimmung zu organisieren, um Bilder, Begriffe, Stile zu erfinden, die den sozialen Dialog ermöglichen.

Die Informationsgesellschaft hat neue Typen hervorgebracht: den politisch nicht mehr engagierten Moderator und Sprecher (im Gegensatz zu den 60er und 70er Jahren), den Unterhalter und Medienstar, den Analytiker und Prognostiker, der Zeitströmungen zu erkennen und im Dienste seiner Auftraggeber eventuell auch zu formen versucht. Der parteiische Reformer und Kritiker allerdings ist aus der Mode gekommen, statt dessen ist der mehr konformistische, über den Interessengruppen stehende Kommentator gefragt.

Einen besonderen Stellenwert haben in diesem Zusammenhang die Meinungsforscher. Sie ermöglichen eine gewisse Orientierung in unserer vom Individualismus geprägten Lebenswelt. Umfragen schlüsseln das Denken und Fühlen der Mitmenschen auf. Das scheint in der fragmentierten Gesellschaft durch persönliche Gespräche und Gruppenerlebnisse kaum noch möglich zu sein.

Die Demoskopie vermittelt uns Informationen über das Urlaubs-, Freizeit- und Konsumverhalten, über Einstellungen der Menschen zu Religion, Liebe, Todesstrafe und Parteien. Kaum eine Intellektuellenposition bedient so die Bedürfnisse der Gesellschaft und die ihrer sozialen Gruppen wie die der Meinungsforscher und Demoskopen. Das Geschäft mit der Demoskopie in Deutschland floriert wie noch nie. Das amerikanische Nachrichtenmagazin „Time" stellte erst kürzlich fest, daß kein Volk in Europa sich selbst so in Prozentzahlen wiederfinde wie das deutsche.

Ein Zweig der Umfrageforschung boomt zur Zeit in den westlichen Industrieländern ganz besonders: *die politische Demoskopie.* Man schätzt, daß in den Vereinigten Staaten vor der letzten Wahl circa 700 Umfragen durchgeführt wurden. Das sind weit mehr als in der Bundesrepublik. Das liegt unter anderem daran, daß einzelne Kandidaten Umfragen in Auftrag geben und in den USA mehr Fernsehsender ausstrahlen, die zum Teil noch selber Anteilseigner von Umfrageinstituten sind. Wenngleich in Europa der Umfang der Umfrageforschung bei weitem diese Dimension nicht erreicht, so wird sie doch sehr ernst genommen und eine Menge Geld für sie ausgegeben. Journalisten und Politiker, die häufig keine Ahnung von der Interpretation demoskopischer Befunde haben, reißen den Meinungsforschern das Zahlenmaterial förmlich aus den Händen.

In Deutschland beherrschen zur Zeit folgende Meinungsforschungsinstitute den Markt: Allensbach, Emnid, Forschungsgruppe Wahlen, Forsa und Infratest. Ihre Auftraggeber sind Fernsehanstalten, Magazine, Zeitungen und die beiden großen Parteien CDU und SPD (F.D.P. und Grüne meist nicht, weil sie die Umfragen nicht finanzieren können). Sie wollen in der Regel wissen:

- Wie wird die politische Arbeit einer Regierung, Opposition oder Partei beurteilt?
- Welche politischen Ziele sollen stärker, welche weniger, welche gar nicht betont werden?
- Wie werden Spitzenpolitiker beurteilt?
- Wie sind die Wahlaussichten einer Partei oder Regierung (auf diese sogenannte Sonntagsfrage beschränkt sich für viele Politiker der Wert der Umfragen)?

Die Probleme der Auftraggeber beginnen bereits bei der Auswahl des Instituts, denn oft erwarten sie von dem Institut „bestimmte" oder „bessere" Ergebnisse als von einem anderen. Auch die Entscheidung, was, wie, wann und wo in der Öffentlichkeit vorgestellt wird, gehört zu den zentralen Fragen der Auftraggeber. Seriosität und Manipulation von politischen Befragungsergebnissen liegen oft dicht beieinander. Das haben natürlich auch die Politiker erkannt, sie geben es teilweise sogar offen zu.

Der ehemalige hessische Ministerpräsident Holger Börner stellte bereits in den 80er Jahren fest: „Wenn Ergebnisse von politischen Umfragen veröffentlicht werden, dann ist immer eine Menge Stimmungsmache mit im Spiel, so daß weniger die angebotenen Zahlen interessieren sollten, als die Frage, von wem sie kommen und gegen wen sie ins Feld geführt werden."

Churchill meinte schon dazu: „Ich traue keiner Statistik, die ich nicht selber gefälscht habe."

Es ist in der Tat wichtig, sich genau anzusehen, von welchem Institut die Zahlen stammen und welche Ziele mit der Veröffentlichung verfolgt werden. Gerade die Ziele sind für den Laien nur noch schwer zu durchschauen. Es geht letztlich immer um den Machterhalt oder Machterwerb. Ein Beispiel soll dies verdeutlichen.

Zur Landtagswahl in Baden-Württemberg veröffentlichten zwei Meinungsforschungsinstitute folgendes Zahlenmaterial:

Umfrage-
Wähleranteile der Parteien
im Juni 1995 (in %)

	CDU	SPD	F.D.P.	B90/Grüne	Tatsächliches Wahlergebnis März 1996
Infas	44	32	4	12	CDU 41,3 %
					SPD 25,1 %
Allensbach	44	31	6	13	F.D.P. 9,6 %
					Grüne 12,1 %
					Rep. 9,1 %

Der entscheidende Faktor ist hierbei die F.D.P. Nach dem Umfrageergebnis von Infas kommt eine Regierungsmehrheit für CDU und F.D.P. im Landtag nicht zustande, was wiederum eine rot-grüne Mehrheit zumindest möglich erscheinen läßt.

Das Schicksal der F.D.P. liegt hier in den Händen der Demoskopen, so daß die Liberalen je nach politischer Interessenlage unterschiedlich stark eingeschätzt werden. Es gehört zu den Erfahrungen der letzten Jahre, daß die Liberalen nur dann Chancen hatten, in ein Parlament gewählt zu werden, wenn man ihnen seitens der Institute den Einzug überhaupt zutraute. Die potentiellen Wähler werden sich nur in ausreichender Zahl für eine Partei entscheiden, wenn sie einigermaßen sicher sein können, daß ihre Stimme nicht verlorengeht.

Ein F.D.P.-Wahlergebnis heute richtig einzuschätzen, ist, wenn man ehrlich bleiben will, gar nicht möglich. Werden bei einer Umfrage, wie es häufig geschieht, 1000 Frauen und Männer um Auskunft gebeten, so machen 50 Befragte 5 Prozent aus. Zahlen, die dazwischen liegen, werden auf- und abgerundet. Erklären 44 Befragte, F.D.P. zu wählen, bleibt es bei 4 Prozent; entscheiden sich 45 Befragte, F.D.P. zu wählen, wird meist auf 5 Prozent aufgerundet. So verlangt es die Regel, die schon jeder bessere Mathematik-Schüler kennt. Das bedeutet: Wenn bei einer Umfrage 45 Personen die F.D.P. nennen, bei einer späteren jedoch 44, dann meldet das Institut seinem Auftraggeber erst 5 und später 4 Prozent – und in der Presse ist zu lesen, daß die F.D.P. den Einzug in das Parlament nicht mehr schaffen wird. Die erste Umfrage könnte der F.D.P. signalisieren, daß sie als Bundespartei überleben wird, die zweite, daß sie sterben wird. Über diese Aussagen entscheidet nur ein einziges Statement. Die Schlußfolgerung daraus kann nur sein, daß Institute, die seriös bleiben wollen, Parteien, die an der Fünf-Prozent-Marke liegen, nach Prozentpunkten nicht mehr schätzen.

Zur Landtagswahl 1994 beispielsweise veröffentlichte der Norddeutsche Rundfunk in Hannover eine Prognose zum möglichen Ausgang der Wahl. Man prognostizierte der F.D.P. nur 4 Prozent und damit das Ende der Landtagsarbeit. Der NDR stützte seine Umfrage auf lediglich 500 Befragte (hier liegt die statistische Unsicherheit bei etwa +/-6 Prozent). Davon erklärten scheinbar nur 24 Personen, daß sie bei der nächsten Wahl F.D.P. wählen würden. Das Ergebnis wurde am Wahltag bestätigt. Die Intendantin des NDR soll in Anspielung auf die Umfrage in einem Gespräch einem Pressesprecher gegenüber geäußert haben: „Mann, haben wir das nicht gut gemacht?" Gemeint war natürlich die Wahleinflußnahme durch die Befragungsaktion des NDR.

Die Demoskopie verkommt zur Demagogie, wenn sie unter dem Deckmäntelchen der wissenschaftlichen Redlichkeit zum Meinungsmacher avanciert.

Die Demoskopen gehören zu den Intellektuellen in unserer Gesellschaft. Damit übernehmen sie auch eine besondere Verantwortung für das politische Leben in der Bundesrepublik Deutschland. Dazu gehört, daß sie sich nicht von Auftraggebern instrumentalisieren lassen und keine Ergebnisse veröffentlichen, die nicht im hohen Maße statistisch abgesichert sind.

Zudem – und hier sind wir wieder beim Thema – basieren alle Umfrageergebnisse vor Wahlen auf Einstellungen von möglichen Wählern. Es ließen sich bestenfalls, wie wir bereits mehrfach festgestellt haben, nur schwache Prognosen für das Wahlverhalten formulieren. In der Regel sind die veröffentlichten Ergebnisse bei Grenzwerten so gut wie unbrauchbar. Sie verändern trotzdem nachhaltig die Strategien der Parteien.

Die meisten Politiker wissen, daß die Umfrageforschung einen nur begrenzten Erkenntniswert besitzt. Trotzdem benutzen die Parteien die Ergebnisse, um sie für ihren Wahlkampf zu instrumentalisieren. Die Parteien, die weniger gut abschneiden, spielen den Erkenntniswert der Umfrageforschung herunter. In bestimmten Situationen wird es immer Parteien geben, die sich Vorteile von den Umfrageergebnissen versprechen. Wir werden deshalb wohl auch in Zukunft mit dieser Art von Stimmungsmachern leben müssen.

Sinnlos ist die Umfrageforschung allerdings nicht. Sie ermittelt über längere Zeiträume und anhand mehrerer Umfragen Trends und Tendenzen. Diese Ergebnisse lassen sich auch wissenschaftlich korrekt untermauern. Das ist Demoskopie im wahrsten Sinn des Wortes. Für die politischen Parteien indes sind diese über den Tag hinauszielenden Ergebnisse oft nur von zweitrangigem Wert.

IX.

Passe Dich an und bleibe gesund

An Grundsätzen hält man fest, solange
sie nicht auf die Probe gestellt werden!
Geschieht das, so wirft man sie fort wie
der Bauer die Pantoffeln.

Otto von Bismarck

In Kapitel II wurde bereits etwas über den Zusammenhang von Einstellung und Verhalten ausgeführt. Wir haben gesehen, daß unser Verhalten immer von mehreren Einflußgrößen (s. Seite 15) bestimmt wird und nicht nur von dem Faktor „Einstellungen". Hier liegt sicherlich schon ein erhebliches Erklärungspotential für die Diskrepanz beider Größen.

An dieser Stelle soll nun eine abschließende Erklärung angeboten werden, die den Sachverhalt (warum Menschen sich oft anders verhalten, als ihre

Meinung vermuten läßt) anschaulich beleuchtet. Hierzu ist ein kleiner Exkurs in die Schauspielerei und in das Metier des Theaters erforderlich.

Im Theater oder im Fernsehen gibt es Personen, die andere Personen darstellen. Der Schauspieler, nennen wir ihn hier Reiner Lauterbacher, spielt heute im Schauspielhaus den Wilhelm Tell, er spielt eine Rolle. „Schauspieler" ist die Position, die er im System der Berufe unserer Gesellschaft mehr oder minder gut ausfüllt, „Wilhelm Tell" ist seine gegenwärtige Theaterrolle.

Die Soziologen glauben, daß wir alle im Leben Theater spielen. Das heißt: Auch im wirklichen Leben übernehmen wir in bestimmten und ganz verschiedenen Positionen die entsprechenden Rollen. Wer schreibt nun aber für das Leben das Drehbuch?

Wenn jemand zum Beispiel von Beruf Lehrer ist – in die Rolle schlüpft –, dann hat dieser Mensch bestimmte Rechte und Pflichten. Der Lehrer muß im Unterschied etwa zu einem Bankangestellten nicht immer am Arbeitsplatz sein. Seine Aufgabe ist es, den Kindern Deutsch oder Geschichte beizubringen. Wenn er eine Rolle im gesellschaftlichen Leben spielt, wenn er die Berufsrolle des Lehrers übernimmt, macht er mehr oder minder ausgiebig von seinen Rechten Gebrauch, übernimmt er mehr oder minder nachdrücklich auch seine Pflichten – und er spielt seine Rolle unter der Aufsicht einer ganzen Menge von Regisseuren. Der Soziologe oder der Rollentheoretiker nennt sie Bezugsgruppen. Das sind Gruppen, auf die er während seiner Tätigkeit dauernd achten muß:

– Schüler
– Eltern
– Kollegen
– Schulleiter
– Kultusministerium usw.

Diese Bezugsgruppen haben bestimmte Erwartungen gegenüber seinem Verhalten. Sie erwarten von ihm, daß er bestimmte Dinge tut, andere unterläßt. Sie sind die Regisseure für das Rollenspiel im wirklichen Leben. Sie schauen darauf, daß er das tut, was man ihrer Meinung nach in seiner Position tun sollte, sie haben normative Erwartungen. Werden diese nicht erfüllt, muß er mit Sanktionen rechnen. Diese hängen wiederum von der Schwere der Verhaltensabweichung ab. Zum Beispiel ein Verbot der Ausübung seines Berufs als Lehrer, wenn Kinder geschlagen werden. Je nach Intensität der Erwartungen, die bei den Bezugsgruppen herrschen, können die negativen Sanktionen verschieden hart sein.

Die Rolle, so könnte man auch sagen, ist also ein Bündel von Erwartungen, das sich auf den Inhaber einer Position richtet.

ROLLE DES LEHRERS

ERWARTUNGEN der

Schüler   Schulleitung   Kollegen   Eltern

Die Unannehmlichkeiten rühren nun daher, daß sich die Erwartungen widersprechen können. Die Schüler wollen, daß der Lehrer möglichst gute Noten gibt, die Eltern, daß er die Anforderungen erhöht. Kurz: Aus den widersprüchlichen Erwartungen, die die einzelnen Segmente einer Rolle ausmachen, entstammen Konflikte, Intrarollenkonflikte. Die eine Bezugsgruppe will Hü, die andere will Hott.

Die manigfaltigen und verschiedenartigen Rollenerwartungen mit ihren Spannungen, Diskrepanzen und ihrer Interpretationsbedürftigkeit verwirren und entmutigen den Lehrer oder den Positionsinhaber. Er empfindet sich belastet und in vielen Fällen überfordert. Rollenüberlastung, ja Rollenstreß sind die Folge. Diese Rollenkonflikte können zu einem verfestigten Rollenverhalten führen, das mit Anpassung, Agression, ausweichendem Verhalten und dergleichen beschrieben werden kann.

Aber damit noch nicht genug: Der Lehrer, sagen wir Herr Müller, ist nicht nur Lehrer, er ist auch Vater einer 6jährigen Tochter. Er hat eine Vaterrolle, eine Rolle als Ehegatte, eine Freizeitrolle als Golfspieler etc. Wenn Herr Müller nun zum Kollegen Maier geht, der seiner Tochter in der Grundschule das Rechnen beibringen will, und diesem etwas über seinen Unterrichtsstil sagt, dann können sich seine beiden Rollen – Vater und Kollege – reiben. Es ergibt sich ein Konflikt zwischen verschiedenen Rollen, ein Interrollenkonflikt. Als Vater straft er den Kollegen, wenn dieser aus der Rolle fällt!

Der Soziologe sagt: Du bist als Mensch der Inhaber einer riesigen Anzahl an Positionen. Dein „roleset" umfaßt Positionen wie Lehrer, Vater, Standesbeamter, Ehegatte, Kollege, Freund, Autofahrer, Vereinskollege usw. usw. In diesen Positionen erhältst Du Rechte und Pflichten. Du spielst eine Rolle wie viele andere, die in eine gleichartige Position einrücken. Es ist Dir anzuraten, sie gut zu spielen. Denn wehe, wenn Du aus der Rolle fällst. Dann wird von den Bezugsgruppen, die Dein Verhalten beobachten, ein Feuerwerk von Sanktionen abgebrannt. Passe Dich an und bleibe gesund!

Die Inter- und Intrarollenkonflikte, die nicht zu umgehen sind, weil so viele Gruppen so Verschiedenes, teilweise Widersprüchliches von Dir wollen, mußt Du taktisch irgendwie ausbalancieren. Eine Methode hierzu ist, jeder Bezugsgruppe gemäß den Erwartungen die entsprechenden Einstellungen zu präsentieren. So teilen wir täglich mehrmals verschiedene – auch sich widersprechende – Meinungen und Ansichten unseren Mitmenschen mit. Ebenso variiert unser Verhalten, immer abhängig von der jeweiligen Bezugsgruppe.

Sind wir deshalb nun wirklich alle Heuchler?

X.
Durch Selbstkritik zu mehr Toleranz

Die Unstimmigkeiten zwischen Einstellungen und sozialem Verhalten lassen sich – wie mehrfach deutlich gemacht wurde – bei keinem Menschen ganz überwinden. Hüten wir uns deshalb vor schnellen Urteilen über unsere Mitmenschen, denn auch diese haben einmal Grund, über uns zu klagen.

Trotzdem sollten wir aber den Anspruch nicht aufgeben und uns darum bemühen, auch so zu handeln, wie wir es durch unsere Ansichten und Einstellungen vermuten lassen. Hiervon hängt schließlich unsere Glaubwürdigkeit ab, die wiederum unser Ansehen in den verschiedenen Positionen, etwa in der Familie, im Freundeskreis, im Berufsleben und in sonstigen gesellschaftlichen Bereichen bestimmt.

Ein gutes Mittel zur Erreichung dieses Zieles ist die Erkenntnis, daß die formulierten Einstellungen so beschaffen sein sollten, daß sie jederzeit auch eingelöst werden können. Einstellungen, die zu hohe Barrieren im sozialen Verhalten aufbauen, sollten auf ihre Umsetzungschancen hin untersucht und relativiert werden.

Die Maßstäbe, die wir an unsere Nachbarn, Arbeitskollegen und Familienmitglieder legen, die gelten selbstverständlich auch für sogenannte Prominente. Daß sie als Personen des öffentlichen Lebens der vermehrten Beobachtung und Wahrnehmung ausgesetzt sind, bedeutet nicht, daß für sie andere – strengere – moralische Kriterien zu gelten haben.

Die Ziele des Buches sind erreicht, wenn einige seiner Leser mit den Autoren der Meinung sind, daß die Selbstkritik ein wichtiges Steuerungsinstrument ist, um die notwendige Toleranz für Widersprüchlichkeiten im menschlichen Verhalten aufzubringen.

Die Selbstkritik benötigt Einsichten und Deutungsmuster, damit sie zur vollen Entfaltung gelangen kann. Die Beispiele und Erklärungen in diesem Buch dienten genau diesem Zweck. Die Autoren hoffen, dieser Aufgabe zumindest etwas gerecht geworden zu sein.

XI.

Epilog

Die Medien und der Mythos von der Wahrheit

Von Jürgen Liminski

Nie ist soviel von Ethik und Wahrheit geredet und geschrieben worden wie heute, aber nie wurde Ethik so wenig in den Medien angewandt." Solche oder ähnliche Sätze hört man heute nicht selten, erst recht nach der Paparazzi-Diskussion um den Tod der Prinzessin von Wales. Aber solche Sätze sind Allgemeinplätze. Man kann sie nicht beweisen. Um sie zu beweisen, bräuchte man eine universale historische Erfahrung. Die jedoch hat kein Mensch, nur Gott hat sie. Und dennoch haben wir das dumpfe Gefühl, daß wir in einer ethikschwachen Welt leben. Daß die Wahrheit tagtäglich in den Medien mit Füßen getreten, mißbraucht, verzerrt, kurz manipuliert wird. Und damit auch unsere Freiheit, mithin unser Menschsein.

Wir werden manipuliert. Das ist nun allerdings eine Binsenweisheit, die sich im Einzelfall beweisen läßt. „Lügen haben kurze Beine, Krenz zeig uns deine", skandierte die Menge beim Sturm auf die ostdeutsche Bastille, den Sitz der Stasi.

Tagtäglich werden Lügen aufgedeckt und neue angeprangert. In der Politik etwa die Steuerlüge, die Rentenlüge, die Arbeitslosenlüge etc.

Die Lüge gehört zu unserem Alltag. Sie ist, wie der französische Publizist François Revel in seinem Buch *„La connaissance inutile"* (*Das unbrauchbare Wissen*) schreibt und zwar in seinem allerersten Satz, „die stärkste aller Kräfte, die die Welt beherrschen". Das mag manchem übertrieben erscheinen. Vielleicht denkt Revel auch nicht an die Lüge, wie sie Augustinus unübertrefflich definierte – nämlich als eine Aussage mit dem Willen, Falsches mitzuteilen (mendacium est enuntiatio cum voluntate falsum enuntiandi) –, sondern an die Halb-und Viertelwahrheit, die Verzerrung, die Beschönigung, die Vorverurteilung. Das dürfte in den meisten Fällen zutreffen, wenn von Lüge und Manipulation in den Medien die Rede ist.

Es gibt die vielbeschworene Objektivität, die „Wahrheit an sich" in den Medien nicht. Das wußte schon Emil Dovifat, der Vater der deutschen Publizistik. Etliche seiner Schüler haben dies wissenschaftlich untermauert. Karl Pruys etwa kam zu dem Schluß: „Da die öffentliche Kommunikation stets von den Gefühlen und Haltungen der Berichtenden abhängt, ist Objektivität im Bereich der Publizistik ausgeschlossen." Dovifat selber sprach statt von Wahrheit auch schon lieber von der „subjektiven Wahrhaftigkeit" der Journalisten, man könnte es das Gebot der Fairneß nennen.

Der Grund für all diese Einschränkungen ist einfach. Der Journalist muß notwendigerweise eine Auswahl treffen. Er tut dies nach bestimmten Regeln – oder auch nicht. Eine der Regeln ist die Frage nach den fünf „W" – wer, wo, wann, wie, warum. Spätestens beim Wie und vor allem beim Warum beginnt meist die Subjektivität, kommen die „Gefühle und Haltungen der Berichtenden" zum Tragen, hier entscheidet sich, wie fair der Medienhandwerker es mit dem Medienkonsumenten meint.

Hier, bei der Subjektivität, fängt der Wille an, mithin die Versuchung zur Manipulation. Und wenn man es genau nimmt, ist hier auch die Quelle des Mythos von der Wahrheit zu suchen, weil es eben viele Journalisten gibt, die an die Objektivität glauben oder vorgeben, danach zu handeln, obwohl es nicht möglich ist.

Etliche Journalisten und Berufsverbände haben diesen Willen zur Wahrheit einem Verhaltenskodex unterordnen wollen. Michael Abend zum Beispiel schlägt einen „halben Moses", wie er seine fünf Gebote und drei Tugenden für den Journalisten nennt, vor.

Die fünf Gebote lauten: 1. Du sollst nicht lügen, 2. Du sollst nichts verschweigen und nichts aufbauschen, 3. Du sollst nicht langweilen, 4. Du sollst nicht liebedienern und nicht kuschen und 5. Du sollst Dir's nicht bequem machen.

Diesen fünf Geboten ordnet er drei Tugenden zu: 1. Treue zur Sache, 2. Treue zum Auftraggeber, 3. Treue zum Empfänger der Botschaft.

Hermann Boventer, Autor des Standardwerks *Ethik des Journalismus*, aus dem wir Abends fünf Gebote und drei Tugenden entnehmen, hält diese wegen ihrer Praxisnähe für eine „sehr brauchbare und zutreffende Journalistenethik". Dem kann man eigentlich zustimmen.

Auf jeden Fall ist der halbe Moses brauchbarer als viele Credos und Codices aus den diversen Journalistenschulen und Presseräten, die zwar alle richtig, aber in der praktischen Anwendung kaum überprüfbar sind. Zum Beispiel „*The Journalist's Creed*" der Columbia School of Journalism, ein Credo, das man in gotischer Fraktur im Fakultätsgebäude bewundern kann und das übersetzt lautet: „Ich glaube, daß klares Denken und klares Sprechen, Genauigkeit und Fairneß grundlegend sind für einen guten Journalismus. Ich glaube, daß ein Journalist nur schreiben soll, was er in seinem Herzen für wahr hält."

Auf solche manchmal doch recht treuherzige Indianerehrenworte oder auch Glaubensbekenntnisse stößt man häufig in den Fakultäten für Journalismus in Amerika. Ihre Liebe zur Wahrheit sollte man nicht geringschätzen. Sie hat in der Tat viel mit dem Herzen zu tun. Das Problem ist, wie die Wahrheit, die man im Herzen bewegt, im konkreten Alltag, sprich in den Redaktionen aussieht, wo der Konkurrenz- und Karrieredruck sicher so groß ist wie die Liebe zur Wahrheit – und diese dann auch mal nur zur Hälfte gelten läßt.

Rundfunkideologen der IG-Medien etwa plädieren dafür, Begriffe wie Wahrheit und Objektivität schlicht aufzugeben. Das seien Fiktionen, die für die journalistische Tätigkeit keine Relevanz hätten, es komme nur darauf an, daß der Journalist seine Subjektivität ehrlich ausweise. Im Zeitalter der Mediengesellschaft, so heißt es in einem Papier der Gewerkschaft, „werden die Konstruktionen von Wirklichkeit immer stärker von Medien beeinflußt" und zwar so sehr, daß unsere Lebenswelt „zu großen Teilen eine durch Medien repräsentierte, ja konstruierte Welt ist".

Der Staatsrechtler Martin Kriele hat in einem kleinen Bändchen über *„Wahrheit in Funk und Fernsehen"* diesen ideologischen Ansatz, dem das neuphilo-
sophische Konzept des Konstruktivismus zugrunde
liegt und der die Existenz von Wahrheit schlichtweg
leugnet, knapp und bündig ausgehebelt. Er kommt zum
Schluß: „Der logische Fehler steckt in der Paradoxie
des Ansatzes: Man kann auf keine Weise von der Wahrheit einer Theorie überzeugen, die behauptet, daß
Wahrheit eine wahnhafte Idee sei."

Gegen die besserwissende Wahrheitsskepsis hat der
Journalist Rudolf Walter Leonhardt von der *„Zeit"* ein
bemerkenswertes Buch geschrieben, bemerkenswert
schon deshalb, weil Leonhardt dem Journalisten die
Option verweigert, ähnlich wie Pilatus die Wahrheits-
frage offen zu lassen. Der Journalist stehe alltäglich
unter dem Zwang, eine Antwort zu finden auf kleine
Wahrheitsfragen. Beschreibungen von Sachverhalten,
die das Urteil „Das ist wahr" zulassen, nehme jeder
tagtäglich vor. Diese kleinen Wahrheiten ließen sich
freilich nicht herleiten aus einer großen, alles umfas-
senden Wahrheit, aber es bleibe die Gewißheit, daß es
am Ende, in der Summe all dieser kleinen möglichen
Wahrheiten, Halbwahrheiten und Unwahrheiten doch
ein Stück Wahrheit gebe. „Vielleicht wird das eine
bescheidene, manchem allzu bescheidene Wahrheit

sein", meint Leonhard. Sie sei aber immerhin das „Gegenteil von Täuschung, Irrtum und Lüge, auch, journalistisch gesehen, von Ignoranz, Fehlinformation und bloßer Behauptung. Mit ihr läßt sich arbeiten. Mehr: Mit ihr läßt sich leben."

Auch in dieser etwas bemühten Darstellung journalistischer Praxis und Vorstellung von Wahrheit wird eines deutlich: Einigen Journalisten, insbesondere in Deutschland, fehlt es an Deontologie, an einer Pflichtenlehre in der Ausbildung zum Journalisten.

Hier, so muß man mit Hermann Boventer zutreffend konstatieren, hier treten wir in den Raum des Dilemmas der Journalisten. Sie lernen nicht, sich moralisch, das heißt an der Wahrheit und der Berufsethik orientiert zu verhalten. „Ethik steht im Abseits", schreibt Boventer in einem Vortrag, „die Kommunikationswissenschaft befaßt sich nicht mit der gelebten Moralität der Journalismuspraxis, das widerstrebt dem absolutistischen Wissenschaftsverständnis. Die Ethik steht im Abseits, dem Publikum gibt man Steine statt Brot, und gelangweilt wenden sich Journalisten und Publikum von solch steriler Wissenschaft ab. Verheerender noch ist, daß der Journalistennachwuchs, der durch die kommunikationswissenschaftlichen Schulen geht, im ethischen Denken nicht geschult wird. Unter den vielen hundert Diplom-, Magister- und Promotionsarbeiten,

die ein Verzeichnis während der letzten Jahre am Institut für Kommunikationswissenschaft der Universität München (nicht etwa Bremen oder Magdeburg, d.
V.) ausweist, habe ich vergeblich nach Themen und
Fragestellungen zur journalistischen Ethik gesucht."
Und dennoch: Das Grundrecht der Meinungsfreiheit, das die Verdrängung und Verzerrung der Wirklichkeit ermöglicht, ermöglicht auch öffentliche Meinung als einen Prozeß sozialer, demokratischer Kon-
trolle. Ohne Meinungsfreiheit keine Demokratie,
keine Chance zur Konsensbildung, zum Prozeß des
Miteinanders.

Dieser Prozeß läßt sich in zwei Konzepten denken,
wie unter anderem Elisabeth Noelle-Neumann in
ihrem bekanntesten Werk *„Die Schweigespirale. Öffentliche Meinung, unsere soziale Haut"* aufgezeigt
hat. Sie unterscheidet formal zwischen dem Integrati-
onskonzept und dem Elitekonzept. Beim ersten kommt
der öffentlichen Meinung eine konsensbildende und
konsenserhaltende Funktion zu, die gesellschaftlich
integrierend wirkt, weil sie im Austausch der verschiedenen Meinungen und Ideen die verbindende
Kraft des Dialogs und der zwischenmenschlichen
Kommunikation stärkt. Öffentliche Meinung fördere
die soziale Komponente des Menschen. Sie knüpft ein
Geflecht eigenständiger Ideen, das Netz oder Koordi-

natensystem, in dem und an dem sich die Mitglieder der Gesellschaft orientieren können. Es ist die „anonyme Urteilsinstanz", die „soziale Haut", die den wertetragenden Funktionsraum des sozialen Verbandes bestimmt. Wer sich dem Urteil dieser Instanz nicht beugt, der isoliert sich, macht sich zum Außenseiter der Gesellschaft – zum Fundamentalisten, würden die neudeutschen Meinungsführer sagen. Oder aber er bewirkt eine Änderung des Meinungsnetzes, einen Umschwung des Meinungsklimas, indem er neue Werte oder andere Wertprioritäten einführt, denen sich dann die Masse anschließt. Dieser Prozeß geht natürlich nur über die Medien.

Der Marxismus hat sich das Elitekonzept zu eigen gemacht und versucht, die Wirklichkeit in seinem Sinn zu formen. Immerhin gestand Lenin noch indirekt ein, daß es eine Wahrheit, also eine dem Marxismus-Leninismus fremde Wirklichkeit gibt, als er seinem Parteifreund Tschitscherin schrieb: „Die Wahrheit zu sagen, ist eine kleinbürgerliche Gewohnheit." Diese Gewohnheit ist leider vielen Kleinbürgern abhanden gekommen. Sie wurde ersetzt durch einen moralischen Nihilismus, der sich an den Gesetzen des Wettbewerbs in der Marktwirtschaft, an Karriere-Gesichtspunkten orientiert oder schlicht durch Bequemlichkeit und menschliche Trägheit bestimmen läßt.

Wo die Verkündigung der Wahrheit reduziert wird auf den kleiner werdenden Kreis der Kirchentreuen und ansonsten sich dem Wort und Wunsch der Mächtigen beugt, wo Werte durch die Politik relativiert und nivelliert werden, da entsteht ein Bewußtsein der Unfehlbarkeit derjenigen, die in die Mikrophone und Kameras sprechen und ihre Meinung in Zeitungsspalten kundtun. Dieses Bewußtsein der Unfehlbarkeit, das übrigens den Kommunisten zu eigen war, weil sie in ihrem Sendungsbewußtsein die Geschichte für ihre Idee gepachtet glaubten, bildet die Grundlage für eine Art „moralistischer Selbstermächtigung".

Herrmann Lübbe hat in seinem bekannten Essay über den politischen Moralismus diese Selbstermächtigung beschrieben als „Verstoß gegen die Regeln des gemeinen Rechts und des moralischen Common sense unter Berufung auf das höhere Recht der eigenen, nach ideologischen Maßgaben moralisch besseren Sache".

Die eigene Gesinnung wird zur letzten Urteilsinstanz, der Subjektivismus, das angeblich autonome Gewissen verdrängt die Beziehung zur Wahrheit. Aus dieser Haltung nährt sich die Manipulation vieler Medienleute. Sie glauben, Recht zu tun, und glauben doch nur an sich. Sie glauben, richtig zu handeln, und richten doch nur andere hin. Sie glauben zu informieren und treiben doch nur Propaganda in eigener Sache. Ihre

Hybris legt fertige Meinungsmuster vor, drängt Urteile auf. So ist den heimlichen oder auch offenen Manipulatoren von heute oft ein inquisitorischer Charakter eigen, Toleranz geht ihnen vielfach ab.

Der amerikanische Soziologe Vladimir O. Key hat einmal die öffentliche Meinung als den heiligen Geist des politischen Systems bezeichnet. Richtig an dieser Formulierung ist, daß die Politik sich von der öffentlichen – besser: von der veröffentlichten – Meinung hin- und herwehen läßt. Sie entscheidet kaum noch nach sachlichen Notwendigkeiten. Siehe die Diskussion um die Steuerreform.

Da die Demoskopen die veröffentlichte Meinung in Zahlenkolonnen festhalten, gehören sie zu den heimlichen, oft unbewußten Herrschern oder auch Manipulatoren des politischen Systems. Aus diesen Zahlenkolonnen ergeben sich Folgerungen für Werbewirksamkeit, für Einschaltquoten, für den Vergleich mit der Konkurrenz. Das sind Kriterien, die eine Themenauswahl entscheiden, die ein Programm bestimmen, die Meinungen machen.

Der spanische Philosoph und Universitätsrektor Alejandro Llano sieht die heutige Gesellschaft in der Dekadenz des Dürstenden. Die Informationsgesellschaft lechze, so schreibt er, „nach einer verbindlichen und deshalb auch verbindenden Moral, aber sie weiß es nicht. Es ist eine Aufgabe der Schulen und Universitäten, ihr dies wieder bewußt zu machen. Sich in alles fügen, was die Politik bestimmt, hat bisweilen den sympathischen Anstrich der Toleranz. Aber wie oft bedeutet diese Pseudotoleranz nicht die Unterdrückung der Schwächeren durch die vermeintlich Stärkeren, die Verdrängung der Wahrheit durch die Mehrheit? Der Ausländer, die Frau, das ungeborene Kind, der Kranke, der Analphabet oder der Altersschwache – sie ziehen dabei immer den Kürzeren. Beispiele haben wir leider genug."

Und dennoch: Das jetzige Mediensystem, die Selbstregulierung der vierten Gewalt im Sinn von Angebot und Nachfrage ist zwar defizitär, aber die Geschichte der Demokratien im 19. und 20. Jahrhundert mit all ihren Problemen, Ideologien, Bewegungen, Parteien und wechselnden Mehrheiten hat gezeigt, daß sich das Marktmodell grosso modo bewährt. Jedenfalls hat sich, wie Kriele sagt, ein „besseres Modell nicht gefunden. Staatliche Eingriffe zur Herstellung einer gerechteren Meinungsrepräsentation hätten mehr Probleme geschaffen als gelöst. So stelle sich auch der Pressemarkt in der Bundesrepublik im großen und ganzen als ein Spiegel des Meinungsspektrums dar."

Das klingt vielleicht zu gelassen-optimistisch. Die Ausgewogenheit kann sich auch nach unten nivellieren. Im Sinne der Wahrheit vom Menschen und seiner Wirklichkeit wäre es bisweilen wünschenswert, daß das Elitekonzept dominierte.

Die Macht der Wahrheit, die nach Mahatma Gandhi einer gerechten Handlung innewohne, ist philosophisch gewiß richtig, aber nicht immer politisch wirksam. Das heißt, für den einzelnen mag diese Macht überzeugend sein, für den Markt ist sie nach Lage der Dinge kaum von Bedeutung. Im Gegenteil, der Medienfall Diana hat gezeigt, daß Wahrheit als Erkenntnis und Sinnsuche heute weniger zählt als das Gefühl und die Sensationshascherei.

Man muß die Wahrheit auch wollen, meinte Max Weber mit Blick auf die Handelnden in Politik und Gesellschaft. Dann kann sie im Sinne Gandhis die ihr innewohnende Macht entfalten. Sie ist zwar ein Faktum, aber nicht immer sichtbar. Sie wird sich zwar durchsetzen, aber die Metaphysik ist nur ein billiger Trost.

Wenn es stimmt, daß der Mensch in unserer Gesellschaft ein mündiger Bürger ist, dann muß er selbst die Wahrheit wollen, jeder einzelne, in jeder Situation. Das wäre der Anfang einer wahrheitsliebenden Gesellschaft, einer Gesellschaft mit weniger Heuchelei.